52개 주제로 읽는 로마인 이야기

52개 주제로 읽는

로마인 이야기

이와타 슈젠 감수
최지영 옮김

시그마북스
Sigma Books

52개 주제로 읽는
로마인 이야기

발행일 2022년 8월 1일 초판 1쇄 발행
감수자 이와타 슈젠
옮긴이 최지영
발행인 강학경
발행처 시그마북스
마케팅 정제용
에디터 최연정, 최윤정
디자인 김문배, 강경희

등록번호 제10-965호
주소 서울특별시 영등포구 양평로 22길 21 선유도코오롱디지털타워 A402호
전자우편 sigmabooks@spress.co.kr
홈페이지 http://www.sigmabooks.co.kr
전화 (02) 2062-5288~9
팩시밀리 (02) 323-4197
ISBN 979-11-6862-055-1 (03920)

STAFF
企画・編集　細谷健次朗、柏 もも子、中原海渡、工藤羽華
営業　峯尾良久、長谷川みを
執筆協力　野村郁朋、村沢譲、龍田昇、玉木成子
イラスト　熊アート
デザイン・DTP　G.B. Design House
表紙デザイン　深澤祐樹（Q.design）
校正　水口拓郎（東京出版サービスセンター）

KODAI ROME KYOUEN TO KAKUSA NO SAHOU
supervised by Shuzen Iwata

* 시그마북스는 (주) 시그마프레스의 단행본 브랜드입니다.

시작하며

문화로 이해하는 서양인의 사고방식

로마는 하루아침에 이루어지지 않았다.

이 말은 대사업은 기나긴 세월의 노력 없이는 이루어질 수 없다는 뜻의 속담이다. 지금부터 약 3000년 전, 이탈리아 반도에 탄생한 작은 도시국가 로마는 긴 시간에 걸쳐 고대 서양 최대의 대제국을 건설했다. 보통 속담에 등장하는 로마는 현재 이탈리아의 로마가 아니라 고대 로마 제국을 일컫는다.

로마 제국이 가장 번영했던 시기는 2세기 전반 하드리아누스 황제가 다스리던 무렵으로, 제국의 수도 로마는 100만 명이 넘는 인구를 자랑했다. 또 문화가 매우 높은 수준으로 발달하여 공중목욕탕인 테르마에나 원형경기장 콜로세움 등은 수많은 영화나 소설의 소재로 대중에게 많이 알려졌다. 하지만

'고대 로마'라고 하면 역사 시간에 등장하는 위대한 지도자 카이사르나 아우구스투스, 폭군 칼리굴라나 네로 같은 황제 이야기가 더 친근할지도 모르겠다.

이 책은 후자인 황제의 활약이 아니라 전자인 문화에 초점을 맞춰 풍부한 그림과 쉬운 글로 로마 제국을 소개한다. 로마 사람들은 매일 무엇을 먹고 어디에 살며 무엇을 즐겼을까? 이 책을 읽으면 어딜 가서든 로마 이야기가 나왔을 때 대화에 끼지 못하는 일은 없을 것이다.

흔히 고대 로마 제국의 문화는 '서양 문명의 토대'라고 한다. 최근 다문화 사회라는 말이 통용되고 있다. 다양한 국적과 문화를 가진 사람들이 서로를 깊이 이해하기 위해 문화를 바탕으로 상대의 사고방식을 아는 일은 매우 중요하다. 이 책이 서양인의 사고방식을 아는 계기가 된다면 행복하겠다.

이와타 슈젠

빠르게 알아보는 고대 로마 ①

신화를 기원으로 하는 로마 제국

건국 이래 7대를 이어온 왕정 대신 공화정 국가가 된 로마, 이탈리아 반도를 통일하고 라이벌 카르타고에 승리해 지중해 세계의 지배자가 된다.

건국신화
신화에서는 늑대가 키운 쌍둥이 중 형 로물루스가 로마의 건국자라고 한다.

타르퀴니우스
오만왕이라 불렸던 타르퀴니우스가 로마에서 추방되어 왕정에서 공화정으로 이행했다.

현대 서양문화의 기반에 자리한 느슨한 통일성, 그 배경에는 고대 로마가 있다. 지중해의 지배자가 된 로마의 문화와 풍습이 언어(라틴어)를 비롯해 현재 유럽 문화의 바탕을 이루었다.

건국신화에 따르면 로마는 군신 마르스의 아들 로물루스가 세웠다. 이후 7대로 이어진 왕정 기간에 로마는 세력을 펼치지만 오만왕(傲慢王) 타르퀴니우스 시절 왕정은 끝을 고한다. 그 후 로마는 원로원을 중심으로 군주가 없는 공화정으로 이행한다.

당시 귀족과 평민 사이에는 엄연한 신분 차가 있었다. 통치기관인 원로원과 최고 지위인 집정관 2명도 귀족이 독점했다. 평민은 병역 등의 의무는 귀족과 동등했지만 발언권은 주어지지 않았다. 그런 양자 사이에 생긴 신분 투쟁의 결과, 평민의 권리를 지키는 호민관 제도가 생겨났다. 또 12표법(로마에서 가장 오래된 성문법-옮긴이)이라는 법률이 제정되어 귀족과 평민이 법을 공유했다. 이렇게 양자의 권리가 평등에 가까워지자 오히려 대립이 심화되었다.

원로원
원로원은 귀족으로 구성된 국가의 최고 의결기관으로, 의원은 임기가 없고 종신 지위였다.

포에니 전쟁
공화정 로마와 카르타고의 전쟁으로, 카르타고의 코끼리 군단에 로마군은 기겁했다.

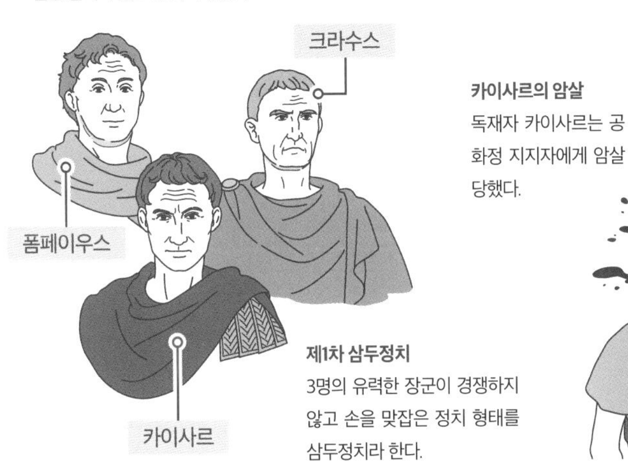

제1차 삼두정치
3명의 유력한 장군이 경쟁하지 않고 손을 맞잡은 정치 형태를 삼두정치라 한다.

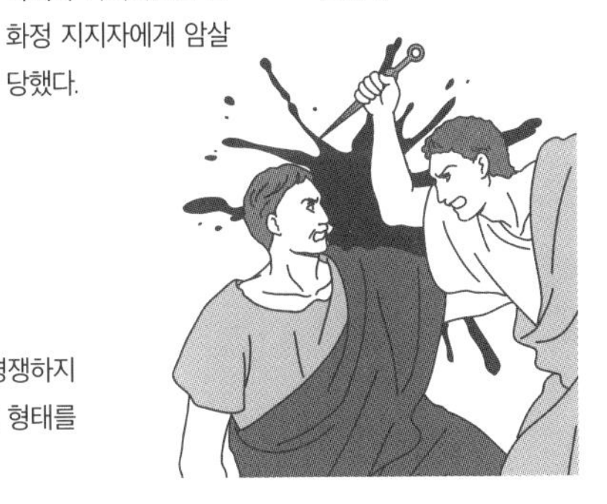

카이사르의 암살
독재자 카이사르는 공화정 지지자에게 암살당했다.

그러던 중 로마는 이탈리아 반도를 통일하고 군사적 절정기를 맞이했다. 위풍당당한 로마의 앞길을 가로막는 존재가 있었으니 바로 지중해 반대편의 라이벌 카르타고였다. 세계사에 이름을 새긴 명장 한니발이 이끄는 카르타고와 3차례 격전을 겪고(포에니 전쟁) 승자가 된 로마는 이웃나라 마케도니아에도 승리해 지중해 세계의 패자가 되었다.

한편 평민과 귀족의 대립은 점점 심각해졌다. 검투사 노예의 반란, 동맹시 전쟁(기원전 91년~기원전 88년에 일어난 전쟁으로, 전쟁 결과 로마는 동맹시에 시민권을 부여하게 됨-옮긴이) 등이 연거푸 일어나 나라는 혼란해졌다. 그 와중에 원로원에 불만을 품은 폼페이우스, 크라수스, 카이사르가 이끄는 삼두정치가 시작되었다. 마침내 카이사르가 최고권력자로 정상에 올랐지만 독재자의 탄생을 위험하게 여긴 원로원의 공화정 옹호파에게 암살된다.

빠르게 알아보는 고대 로마 ②

평화와 번영의 제정 시대

카이사르의 사후 그의 후계자 옥타비아누스가 로마의 권력을 장악했다. 로마는 제정으로 모습을 바꿔 '팍스 로마나'라 불리는 시대가 시작되었다.

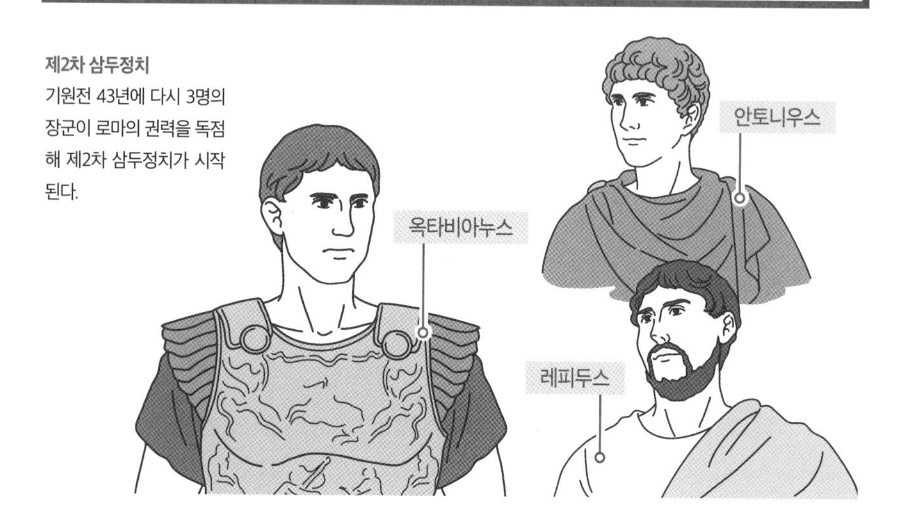

제2차 삼두정치
기원전 43년에 다시 3명의 장군이 로마의 권력을 독점해 제2차 삼두정치가 시작된다.

카이사르 사후 정치적 혼란이 계속되는 중, 당시 18세인 카이사르의 양자 옥타비아누스, 카이사르의 부하 안토니우스, 명장 레피두스가 제2차 삼두정치를 시작했다. 3명은 자신들과 대립하는 공화정파를 무수히 제거했다. 그 후에는 서로 싸우는 내란이 일어나 최종적으로 옥타비아누스가 승리자가 되었다.

옥타비아누스는 암살된 카이사르의 비극에서 교훈을 얻어 기원전 27년에 자신이 공화정 로마의 제1시민(프린켑스, princeps)임을 강조했다. 원로원은 그에게 아우구스투스(Augustus, 존엄한 자)라는 칭호를 하사해 옥타비아누스는 나라의 모든 권력을 손에 넣었다. 원수정(元首政)의 모습을 취하면서도 실질적인 제정의 시작이었다. 이때부터 200년 동안 '팍스 로마나(Pax Romana, 로마의 평화)'라 불리는 로마의 황금기가 이어졌다.

아우구스투스 사후, 카이사르 가계의 후손이 황제의 자리를 이어받았다. 이 계통은 폭군 네로까지 5대 동안 100년간 이어진다. 제정

공중목욕탕
제정 시대에 꽃핀 로마 문화로, 그중에서도 공중목욕탕은 시민의 휴식과 오락을 책임졌다.

콜로세움
콜로세움에서 행한 자극적인 구경거리는 로마 시민에게는 최고의 오락이었다.

오현제 시대
평화와 번영을 누린 제정 로마의 최전성기로, 로마 문화가 주변국까지 퍼졌다.

중기에 황제에 즉위한 네르바, 트라야누스, 하드리아누스, 안토니누스 피우스, 마르쿠스 아우렐리우스 안토니누스를 오현제(五賢帝)라 부르는데 이 시기가 고대 로마의 최전성기다. 트라야누스의 통치기에 제국의 영토는 최대가 되었다. 지중해 세계는 하나의 제국에 의해 통치되어 지역 경제가 활발해졌고 동남아시아나 중국까지 포함한 넓은 지역과 교역하였다.

학문을 좋아해 철인(哲人) 황제라 칭해진 마르쿠스 아우렐리우스 안토니누스 황제의 통치 시기, 로마 제정과 군대에 문제가 생기기 시작했다. 이윽고 오현제의 시대가 끝나자 흔히 '3세기의 위기'라고 불리는 시대가 도래한다. 제국의 지배력이 눈에 띄게 저하되어 속주(屬州, 이탈리아 바깥의 로마 영토)의 군대가 독자적으로 황제를 세웠다. 50년 동안 공동 황제까지 포함해 무려 26명의 황제가 탄생했다. 이 시기를 군인 황제 시대라 한다.

빠르게 알아보는 고대 로마 ③

대제국은 동서 분열로 멸망

광대한 로마 제국 영토는 동서로 분할하여 통치되었다. 그 후 재통일과 재분열을 반복한 끝에 서로마 제국은 5세기에, 동로마 제국은 15세기에 멸망한다.

디오클레티아누스
로마 제국을 동서로 나눈 디오클레티아누스는 필두황제라 자칭하며 스스로를 신격화했다.

로마 제국은 너무나 거대해졌다. 3세기 말에 등장한 디오클레티아누스 황제는 광대한 제국 영토를 동서로 나누었다. 그는 황제와 부황제 2명씩 모두 4명의 황제가 영토를 분할 통치하는 4분 통치제를 도입했다. 즉, 여러 명의 지배자가 영토를 나누어 다스려 로마 제국의 지배를 안정시키고자 했다.

그 결과 각 황제의 관할 영토는 줄어들었다. 반면 더욱 세분화된 속주에 관료가 많이 필요해져 관료제가 정비되었다. 그런 중에 디오클레티아누스는 자신을 필두황제라 칭한다. 황제를 절대 권력자로 하는 중앙집권적 전제군주제를 세우기 위해서다.

디오클레티아누스의 퇴위 후 서쪽 부황제의 아들 콘스탄티누스가 로마 제국을 재통일한다. 그는 선제의 개혁을 이어받아 관료제 정비를 하는 한편 그리스도교를 공인하고 자신도 개종했다. 그 점은 전제군주로서 그리스도교를 박해한 디오클레티아누스와 정반대의 방침이었다. 이미 그리스도교 세력이 무시할

콘스탄티누스
현재의 이스탄불인 콘스탄티노플에 새 수도를 세웠다.

동서 분열
동서로 나뉘어진 로마 제국. 도시 로마와 주변 지역은 서로마 제국이 지배했다.

로마 제국의 멸망
476년 서로마 제국은 게르만 족에 의해 멸망하고, 동로마 제국은 1453년 오스만 제국에게 멸망당했다.

수 없이 커졌기 때문이다. 콘스탄티누스는 그리스도교를 탄압하지 않고 그들의 힘을 빌려 제국을 통치하려 했다.

이 일을 거점으로 그리스도교는 유럽 전역에 퍼져간다. 콘스탄티누스의 또 다른 업적은 콘스탄티노플(현재 이스탄불)에 새 수도를 세운 일이다. 콘스탄티노플은 동서 재분열 후 동로마 제국의 수도가 되었다.

그리스도교를 국교로 정한 테오도시우스 황제는 395년 로마 제국 동서에 각각 황제를 세웠다. 이후 로마는 두 번 다시 하나가 되는 일이 없었다. 4세기 후반 게르만 족이 침입하자 서로마 제국은 476년에 멸망했다. 황제의 관(冠)은 동로마 제국에 반환되었다. 남은 동로마 제국은 그 후에도 이슬람 세력과 공방을 반복하며 존속했으나, 1453년에 결국 오스만 제국의 공격으로 멸망했다.

차례

제 3 장 로마의 노예

MAGRIPPALFCOSTERTIVMFECIT

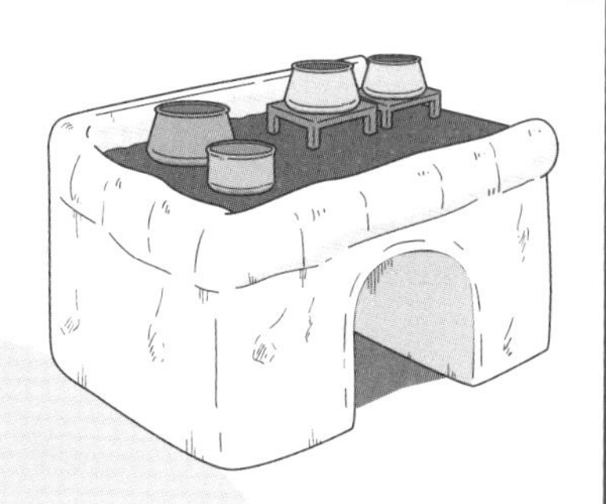

제 1 장

로마인의 삶

약 2000년 전에 번영했던 로마 제국! 대제국을 이루었던 로마인들의 생활 수준은 상당히 높았고 저출산 등 현대와 비슷한 사회문제도 많았다. 로마 제국의 사회제도와 일, 교육, 관혼상제, 기반 시설 등 로마인의 문화와 일상을 알아보자.

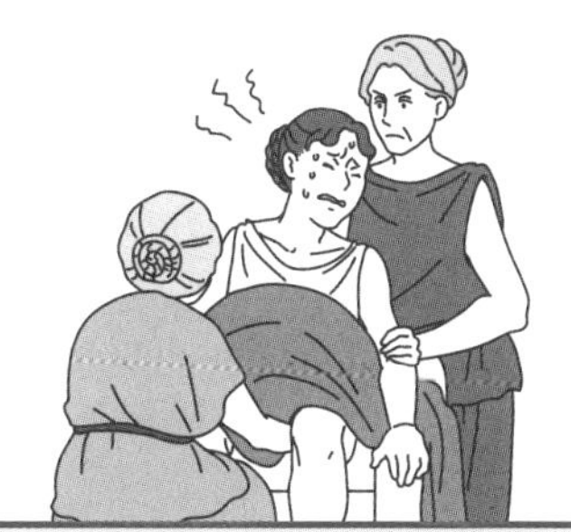

황제부터 노예까지, 로마는 7개 신분으로 이뤄진 계급사회였다

어느 시대? ▷	왕정기	공화정기	제정기

어느 계층? ▷	황제	부유층	자유인	노예

고대 로마의 복잡한 신분제도

고대 로마라 하면 자유와 평등, 그리고 문화가 발달한 제국이라는 이미지가 있다. 그러나 로마의 사회계급에는 노예가 존재하는 구시대적 측면이 있었다.

고대 로마의 계급을 크게 두 가지로 나누면 노예와 인간으로서의 권리, 자유를 가진 자유인이 있다. 또 자유인은 모두 평등하지 않고 '태생적 자유인'과 '피해방 자유인'으로 구분되었다.

태생적 자유인이란 자유인으로 태어난 자로 로마 시민과 속주 자유인(속주에 거주하는 자유인)을 말한다. 피해방 자유인이란 법률상 노예 신분에서 해방된 자를 말한다. 피해방 자유인은 또한 리베르티(liberti, 노예에서 해방되어 자유가 된 로마 시민), 라틴인, 항복 외국인으로 나누어진다. 덧붙여 리베르티는 시민권이 있었지만 관직에 오를 수는 없었다.

태생적 자유인도 가문과 재산, 직위와 출신지 등에 의해 차이가 있었다. 황제를 정점으로 원로원 의원(patrici, 귀족으로 구성), 그 아래에 기사(equites, 주로 토목사업자)의 피라미드형 계급이 존재했다.

제정기 전 기사는 말을 타고 싸우는 귀족을 가리켰지만 제정 로마에서는 어느 정도의 자산을 가진 부유층으로 원로원에 속하지 않은 시민을 가리켰다. 기사는 원로원 의원에 이은 제국 제2신분이었는데, 업적이 인정되면 원로원 의원에 발탁되기도 했다.

피라미드형 사회계급의 최정상에 군림하는 황제는 절대 권력을 가지고 거대한 제국을 다스리는 최고지도자라는 사실은 말할 것도 없다. 고대 로마 사회는 이러한 신분 격차를 토대로 절묘한 균형을 유지했다.

계급

명확하게 나누어진 신분제도

신분에 따라 뚜렷한 제한이 있어 할 수 있는 일도 달랐다.

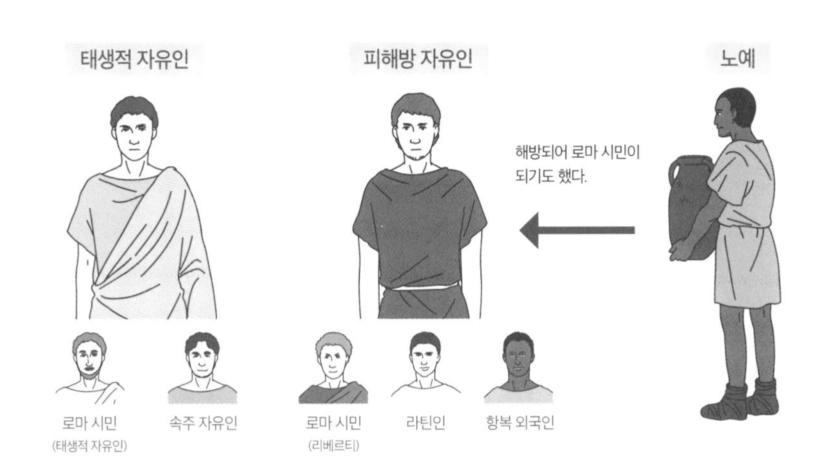

신분의 분류

고대 로마의 신분은 크게 자유인과 노예로 나눌 수 있다. 그러나 자세히 분류하면 자유인도 2종류로 나누어져 노예 신분에서 해방된 자는 '태생적 자유인'이 될 수 없고, '피해방 자유인'으로 분류되었다. 그들은 시민권을 얻을 수 있어도 여러 가지 제한이 따랐다.

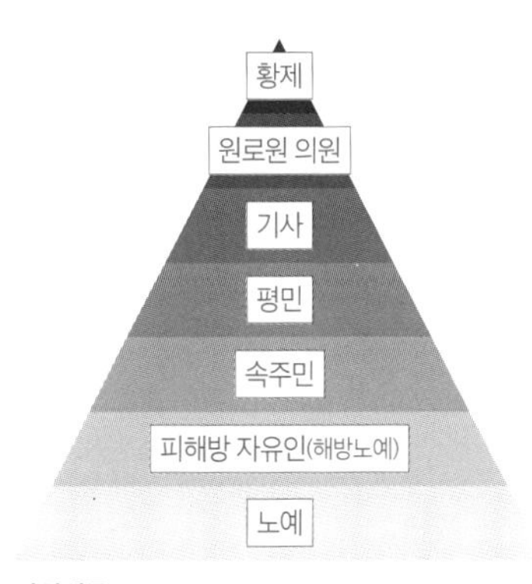

사회계급

고대 로마의 사회계급은 7개로 나누어졌다. 아래부터 노예, 해방노예, 속주민, 평민, 기사, 원로원 의원, 그리고 가장 위에 황제가 있었다.

리베르티

리베르티란 노예에서 해방되어 자유가 된 로마 시민을 가리키며, 그들은 할 수 있는 일이 제한되었다. 조부의 대까지 자유인이 아니면 할 수 없는 직업도 있었다.

귀족은 빈민을 포섭하여 선거에서 승리해 권력을 다졌다

어느 시대? ▷	왕정기	공화정기	제정기

어느 계층? ▷	황제	부유층	자유인	노예

사적인 신뢰로 이어진 고대 로마의 인간관계

고대 로마 사회에는 보호자(파트로누스, patronus)와 피보호자(클리엔테스, clientes)라는 사적인 비호 관계가 있었다. 가난한 사람은 자신보다 부유한 귀족이나 권력자가 보호자였고, 그 보호자 또한 좀 더 높은 지위나 재산을 가진 자의 피보호자였다.

피보호자는 아침에 일어나면 먼저 문안 인사를 드리러 보호자의 집으로 간다. 피보호자는 보통 호위와 잡무, 보호자가 공중목욕탕에 갈 때 동행 등을 수행했다. 한편 피보호자는 보호자에게 어떤 부탁을 하거나 일감 중개를 청하기도 했다. 가난한 피보호자를 돌봤던 보호자는 그들에게 금전이나 식품, 선물 등의 시혜물(스포르툴라, sportula)을 줄 때도 있었다. 또 보호자는 피보호자가 소송에 휘말렸을 때 법정에서 변호하는 등 여러 상황에서 피보호자를 보호했다.

이처럼 보호자는 피보호자에게 법적, 재정적, 정치적 원조를 했고 로마 시민은 모두 자신보다 높은 지위와 재산을 가진 사람과 상호부조 관계를 맺었다.

그럼 보호자는 왜 피보호자를 지켜주었을까? 보호자에게 가장 중요한 일은 자신의 권력 기반 강화였고, 그러자면 피보호자가 필요했다. 예를 들면 보호자가 공직에 입후보했을 때 피보호자는 자신의 보호자에게 투표했다. 많은 피보호자를 거느린 보호자는 공직에 취임했을 때 자신의 지지자와 득표수를 늘릴 수 있었다.

또 로마인은 지중해 지역에 광대하게 펴진 제국을 여행할 때도 여행지에서 부유한 동향인으로부터 금전적 도움을 받을 수 있었다. 고대 로마 사회에는 이러한 인간관계가 그물망처럼 촘촘히 펼쳐져 있었다.

상호부조

보호자와 피보호자는 Give & Take 관계

피보호자는 생활의 원조, 보호자는 권력 기반 강화를 위해 서로 돕는 관계였다.

서로 돕는 관계
보호자는 피보호자에게 금전, 식품의 원조와 일감 중개 등을 하는 대신 자신이 공직에 입후보했을 때 피보호자에게 투표를 요구했다.

문안 인사
피보호자는 매일 아침 보호자의 집에 방문해 문안 인사를 했다. 이러한 방문은 피보호자가 매일 아침마다 하는 정해진 관습이었다.

중개 부탁
피보호자는 보호자의 집에 인사하러 갈 때 일자리 소개나 재판의 변호 등 이런저런 부탁을 했다. 그것을 이루어주는 대가로 보호자는 선거 때 표를 얻었다.

베풀기
보호자에게 문안 인사를 가는 피보호자는 중급부터 하급층 서민이 많았다. 매일 먹을 것이 부족했던 이들은 보호자에게 음식이나 금전 등의 시혜물을 받았다.

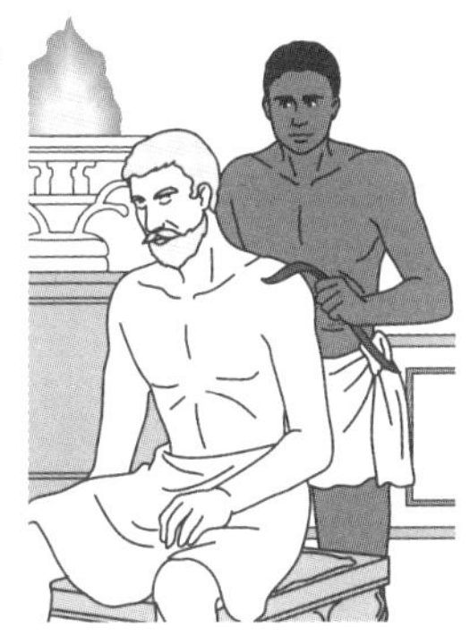

동행
보호자를 지지하는 입장에 있던 피보호자는 각종 혜택을 받는 대신 외출이나 목욕의 동행을 하는 등 보호자에게 도움을 제공했다.

로마 시민이라면 식비와 유흥비가 무료였다

어느 시대? ▷ 왕정기 | 공화정기 | **제정기**

어느 계층? ▷ **황제** | **부유층** | **자유인** | **노예**

로마 시민에게 인정되는 여러 가지 권리

보통 고대 로마 제국 사람들을 총칭하여 '로마 시민'이라고 한다. 그러나 로마 제국의 시민은 단순히 '로마에 사는 사람'만이 아니다. 로마 시민은 '로마 시민권'을 가진 사람 모두를 가리키는 말이다. 비록 로마에서 멀리 떨어진 속주에 살아도 시민권이 있으면 로마 시민이었다.

로마가 막 건국되었을 무렵 전쟁이 일어나면 농민이 병사로 징용되었고, 그 대신 참정권이 주어졌다. 이것이 로마 시민권의 시초다.

기원전 2세기 중반, 로마 시민의 몰락으로 생활고 등으로 출병할 여유가 없는 사람들에게 시민권이 주어지기도 했다. 그렇다 해도 로마 시민권을 받는 사람은 어디까지나 제한된 사람들이었다. 로마에 살아도 외국인이나 노예에게는 시민권이 주어지지 않았다.

로마 시민의 최대 특권으로 인정되는 것은 앞서 말한 참정권이다. 공화정 시대에는 집정관과 법무관 등의 정무관이 국정을 수행했는데, 로마 시민은 민회에서 정무관을 선출하거나 중요한 안건 채결에 참가할 수 있었다.

또 로마 시민은 정무관 같은 공직에 입후보할 수 있었다. 그리고 능력에 따라 원로원 의원처럼 고급 관료도 될 수 있었다. 그 밖에 상소권, 재산소유권, 혼인권 등도 로마 시민의 권리다.

그에 더해 로마 시민의 권리로 잘 알려진 '빵과 서커스'가 있다. 이는 밀가루와 같은 식품을 배급받고 검투사 노예의 시합이나 연극 등을 관람할 수 있는 권리로 모두 무료였다. 이 정책 덕분에 가난하다 해도 로마 시민이 아사하는 일은 없었다.

로마 시민권

제한된 사람만 받을 수 있는 시민권

시민권을 가진 사람만이 로마 시민으로 인정받았다. 조건을 만족하면 로마 거주자 외에도 인정해주었다.

상소권
재판이 자주 열렸던 고대 로마 시대에 불복(不服)을 주장하는 상소는 로마 시민에게만 허락된 권리였다.

참정권
로마 시민권을 가진 사람은 정치 개입이 허락되어 선거에서 투표를 하거나 중요한 안건 채결에 참여했다.

재산소유권
로마 시민에게는 자신이 소유한 재산을 자유롭게 사용하거나 파기할 수 있는 권리가 주어졌다.

빵과 서커스
무상으로 식량과 오락을 즐길 권리가 주어졌던 고대 로마의 사회정책을 가리키는 말이다. 이 정책은 시민의 굶주림을 막는 효과도 있었지만, 본래 '빵과 서커스'라는 말은 야유조로 생긴 것이다.

로마인의 평균 신장은 남성은 165cm, 여성은 155cm였다

어느 시대? ▷ 왕정기 | 공화정기 | 제정기

어느 계층? ▷ 황제 | 부유층 | 자유인 | 노예

로마인의 작은 키는 식량 부족이 원인이었다?

인구가 100만 명에 달했던 로마에는 토종 로마인뿐 아니라 다양한 인종이 거주했다. 실제 로마 거주민의 대부분은 속주 출신으로 머리칼 색도 체격도 모두 제각각이었다. 라틴계 특징을 가진 로마인보다 터키나 중근동, 아프리카계 사람이 많았다고 한다.

발굴된 뼈를 분석해보니 기원전 1~2세기 로마인의 평균 키는 남성은 165cm, 여성은 155cm 정도로 현재 유럽인보다 상당히 작았음을 알 수 있다. 로마인은 경제적으로 여유로운 생활을 했다고 여겨지나, 기근으로 부족해진 식량 때문에 키가 작아졌던 것으로 보인다.

또 다른 로마인의 특징은 긴 이름이다. 예를 들면 율리우스 카이사르의 경우, 풀네임은 '가이우스 율리우스 카이사르'다. 가이우스는 첫 번째 이름(프라에노멘, praenomen)으로 개인 이름을 나타낸다. 첫 번째 이름은 종류가 적어 일반적으로 G나 M 같은 이니셜로 표기한다.

율리우스는 두 번째 이름(노멘, nomen)이고 그 사람이 소속한 씨족 이름이다. 카이사르는 성(코그노멘, cognomen)으로 가족 이름을 나타낸다.

일반적으로 가족 이름(셋째 이름)은 '붉은 머리'나 '왼손잡이' 등 신체적 특징을 나타낸 별명 같은 성격을 지닌다.

로마 시민은 모두 이 세 가지 이름을 가졌다. 그에 더해 '○○의 아들'과 같은 부칭(父称)과 35곳 선거구 중 어디에 소속되어 있는지도 합쳐서 이름지었으므로 정식 명칭은 매우 길었다. 그러나 실제로 이 긴 이름이 모두 불리지는 않았다. 공화정기에는 첫째 이름과 성만 불렸을 뿐이고, 제정기에는 성만 불렸다.

고대 로마인은 현대인보다 훨씬 작은 체격이었다!?

고대 로마에는 속주 출신 사람도 많았으므로 머리칼과 피부색은 물론 체격까지 가지각색이었다.

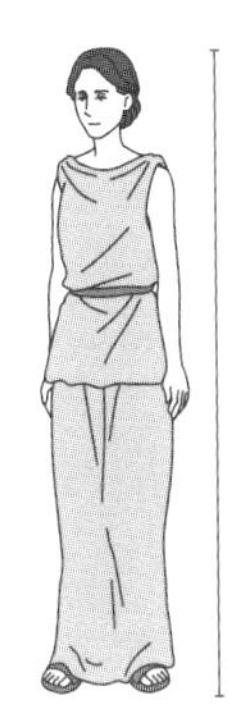

여성

당시 로마인의 뼈를 연구한 결과 여성의 평균 키는 155cm 정도였다.

남성

남성의 평균 키는 165cm 정도였다. 당시 기근으로 인한 식량 부족으로 영양실조의 흔적이 남아 있어 토종 로마인은 키가 작았다고 한다.

여러 인종

고대 로마 사회는 다양한 인종이 뒤섞여 있었다. 그래서 머리칼과 피부색, 체격이 모두 다른 사람들이 거리를 활보했다.

로마 FILE

피부가 하얀 여성

고대 로마 여성의 가치는 흰 피부로 정해졌다. 당시 귀부인들은 머리 하나가 가려지는 크기의 아담한 양산을 항상 사용했다.

생물을 다루는 푸줏간과 생선전은 혐오 직종이었다

어느 시대? ▷	왕정기	공화정기	**제정기**

어느 계층? ▷	황제	부유층	**자유인**	노예

일은 새벽부터 대낮까지? 여성들도 많은 일을 했다

로마 시민에게는 밀가루가 지급되어 살아가는 데 최소한의 식품은 보증되었다. 그러나 서민은 일하지 않으면 집세도 못 낼 만큼 빈곤했으므로 직업을 갖고 있는 경우가 많았다. 고대 로마의 도시부에는 빵집, 채소가게, 철물점, 치과진료소 따위의 가게가 줄지어 있었고 소매업과 서비스업, 장인들의 수공업 등 다양한 직업이 존재했다.

로마에는 특히 장인이 많았다. 장인의 종류도 여러 가지로 세탁부, 염직업자, 목수, 가구상, 소목장이, 대장장이, 신발공, 유리장인, 구리 세공인 등이 있었다.

당시는 현대처럼 기계가 없었으므로 대부분의 작업은 수작업으로 이루어졌다. 전문적인 기술을 가진 장인들은 손님 한 사람 한 사람의 세세한 요구에 응할 수 있었다. 이러한 장인들은 대개 가게 혹은 작업장과 주거를 겸한 개인 상점을 소유했다.

고대 로마인들의 노동시간은 직업에 따라 차이가 컸다. 보통 해 뜨고부터 점심식사 시간까지 6시간 정도 일하고, 오후는 여유롭게 지내는 것이 이상적으로 여겨졌다. 그래도 많은 사람이 아침부터 해 질 녘까지 일했다고 한다.

로마에서는 여성도 일했다. 특히 도시의 하층 계급 여성이 소매업에 많이 종사했다. 유모, 산파, 여의사, 이발사, 미용사와 같은 전문직도 있었다. 하지만 많은 여성이 여배우, 연주자, 무용수로 유흥 분야에서 일했고 그들의 사회적 지위는 매우 낮았다.

상류계급 시민들은 창부, 남창과 고기나 생선 장사, 요리사, 어부 등을 가장 천한 직업으로 여기고 소매업자나 장인을 경시했다. 그러나 서민들은 자신들의 직업에 자부심을 가지고 나름대로 조합도 조직하며 생계를 꾸려 나갔다.

장인

로마 시민 대다수는 장인

장인들은 대부분 가게와 작업장을 겸한 개인 상점을 그대로 주거지로 사용했다.

목수

공동주택이나 저택, 공공건축물의 바닥과, 천장에 설치하는 조각 등의 재료는 목재라서 목수가 가공과 건축을 담당했다.

대장장이

금속을 단련해 많은 제품을 만드는 대장장이의 솜씨는 매우 뛰어났다.

신발공

로마 사람들은 상황에 따라 신발을 구분해 신었다. 신발공은 그들 한 사람 한 사람의 이런저런 자세한 요구사항에 정확히 맞는 신발을 만들어 팔았다.

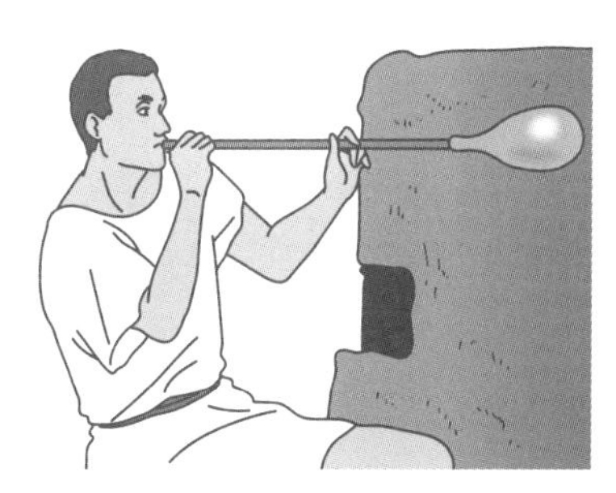

유리 장인

로마에서는 유리제품인 '로만 글라스'가 대량으로 생산되었다. 유리 장인은 거푸집을 사용해 용기를 만들고 '블로잉 기법' 이라는 당시 고안된 기술을 사용했다.

여성의 일

대부분 일을 했던 여성들

고대 로마의 많은 여성이 일했다. 일의 내용은 남성보다 폭이 좁고, 전문성이 높은 것이 많았다.

유모

갓 태어난 신생아를 돌보는 일을 했다. 아기의 수유는 어머니와 유모가 했다.

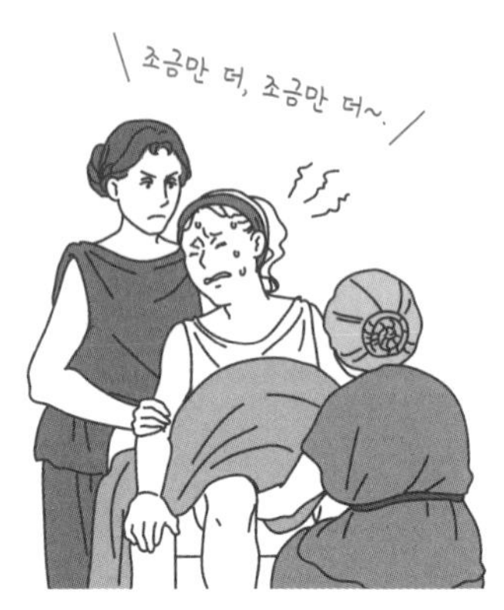

산파

신생아의 해산을 돕는 일을 했다. 당시는 보통 의자에 앉아 출산했는데, 여러 명의 산파가 산모를 둘러싸고 출산을 도왔다.

가정교사

부유한 집에서는 아이의 교육을 위해 가정교사를 고용했다. 고용된 교사는 여성이 많았고, 학식이 있는 노예 중 대다수가 어린이 교육에 종사했다.

미용사

여성의 머리칼을 유행하는 스타일로 땋거나 염색하는 일은 여성이 했다. 금발이 유행하면 탈색하고, 금발 유행이 지나가면 다시 검게 염색하는 등 손님의 요구에 따랐다.

직물업자

생산업에 종사하는 여성은 극히 드물었다. 그중 유일하게 많은 여성이 일했던 직종이 옷감을 생산하고 가공하는 직물업이었다.

천한 직업

상류계급 시민이 경시했던 직업

상류층이 사회적 지위가 낮다고 여겼던 직업도 많이 있어서, 해당 직업 종사자들은 편견으로 고통받기도 했다.

창부

고대 로마에는 결혼을 못하는 남성이 많이 있었다. 창부는 그들의 욕구를 채워주는 일을 했다.

푸줏간 주인

상류계급 사람들은 음식과 관련된 일을 하는 사람들도 천하게 생각했다. 푸줏간 주인도 그중 하나였는데, 그들은 자신의 일에 자부심을 갖고 있었다.

생선가게 주인

생선을 사들이고 파는 일을 담당했던 생선가게에는 여성이 많았다.

요리사

귀족에게 고용된 사람부터 일용직까지 여러 형태의 요리사가 존재했다. 솜씨가 좋으면 높은 급료도 받을 수 있었다. 하지만 작업장 시설이 충분히 갖춰지지 않아 매우 고된 일이었다.

로마는 계층과 남녀 차별 없이 초등교육을 받을 수 있었다

어느 시대? ▷	왕정기	공화정기	제정기

어느 계층? ▷	황제	부유층	자유인	노예

초등 교육은 차별 없이, 중등 이상은 부유층만

고대 로마의 아이들은 7세 무렵부터 초등학교(루두스 리테라룸, ludus litterarum)에 다녔다. 이 학교는 현재처럼 정부가 설립하는 일반인 대상의 학교는 아니다.

마땅한 교실도 없이 마을의 공공광장에 자리한 회랑의 한 구역이나 어두운 기름 램프로 그을은 점포, 가건물, 길거리 등에서 가림막 한 장에 의지한 채 수업을 받았다. 아이들은 이런 야외 교실에서 밀랍 판을 무릎에 얹고 긴 의자에 한 줄로 나란히 앉아 공부했다. 학생은 남녀와 계층에 관계 없이 여러 아이들이 뒤섞여 있었고 노예의 자녀도 다녔다고 한다.

수업은 주로 알파벳 읽기, 쓰기와 선생님이 낭독하는 문장을 암송하는 암기가 중심이었다. 계산은 로마 숫자로 99와 분수 계산까지 배웠다. 복잡한 계산을 할 때는 홈주판(나무판에 새긴 홈 가운데의 작은 돌을 움직이며 계산하는 당시의 주판)을 쓰기도 했다.

4년간의 초등교육이 끝나면 부유한 집안의 아이들은 중등학교에 진학해 라틴어와 그리스어 문법과 문학 공부를 했다. 반면 서민층 아이는 생활을 위해 일하기 시작했다.

중등교육을 받는 부유한 가정의 아이는 길거리에서 수업을 받을 수 없으니 학생의 집이나 특별히 지어진 교실에서 공부했다. 교재는 라틴 문학의 베르길리우스나 웅변가 키케로 등의 작품으로 선생님이 작품을 해설했다. 천문학, 음악의 운율, 수학, 지리 등의 지식도 가르쳤다.

15~16세에 중등교육을 마친 부유층 아이는 이번에는 수사학 선생님에게 변론술을 배웠다. 변론술에 능하면 정치가나 변호사 같은 사회적 지위가 높은 직업에 종사할 수 있었다.

교육

배움은 부자의 특권

초등교육이 끝난 후 계속해서 공부할 수 있는 아이는 부잣집에서 태어난 아이들뿐이었다.

문장 암기

초등교육의 주된 수업 중 하나로, 파피루스 두루마리가 교재로 사용되었다.

계산

당시에는 현재 수학에서 사용되는 아라비아 숫자가 발명되지 않았으므로, 아이들은 로마 숫자로 계산했다.

외국어 문법과 문학

라틴어나 그리스어 문법과 문학을 배웠다. 교재는 베르길리우스나 키케로의 작품이었다.

변론술

15~16세가 된 부유층 자녀들은 수사학 교사에게 변론술을 배웠다. 변론술은 사회적 지위가 높은 직업을 가지려면 꼭 필요한 기술이었다.

길고 헐렁한 옷감 한 장이 로마인의 정장이었다

어느 시대? ▷	왕정기	공화정기	제정기

어느 계층? ▷	황제	부유층	자유인	노예

그 당시에도 나름의 유행이 있었다

고대 로마인은 신분, 연령, 성별을 불문하고 튜니카(tunica)라고 하는 울과 아마천으로 만든 원피스 스타일의 옷을 일상적으로 입었다. 튜니카는 2장의 천을 맞대어 어깨와 겨드랑이 부분을 꿰맨 옷으로, 머리부터 집어넣어 입으며 허리띠를 맸다. 부자들에게 튜니카는 잠옷이나 속옷에 지나지 않았지만, 평민과 노예에게는 유일한 의복이었다.

로마인 남성은 긴 시트 같은 옷을 입었다. 이것은 토가(toga)라고 하는데, 튜니카 위에 걸치는 로마 성인 남성의 정장이다. 토가는 양모나 마로 만들어진 지름 6미터 정도의 반원형 천이었다. 긴 천으로 주름의 형태를 예쁘게 만들어 입는 일은 노예의 도움이 필요할 정도로 매우 어려웠다.

토가는 로마 시민만 입을 수 있었다. 로마 시민권이 없는 외국인과 노예, 해방노예는 토가를 입을 수 없었다. 상류계급 남성이 외출할 때는 반드시 토가를 입었다. 토가의 천 색이나 테두리 색은 계급에 따라 정해져 있었는데, 황제와 장군의 토가는 고가의 보라색 천에 금색 자수가 놓아졌다. 원로원 의원은 짙은 붉은색, 그 외의 상류계급은 빨강이나 보라, 서민의 토가는 색이 없거나 단색이었다.

한편 여성은 스톨라(stola)라는 튜니카가 발목까지 길어진 듯한 옷을 입었다. 외출할 때는 토가 대신 팔라(palla)라는 직사각형의 긴 숄을 둘렀다.

여성의 헤어스타일도 다양한데 초기 로마 여성들의 머리 모양은 주로 머리칼을 중앙에서 좌우로 갈라 뒤에서 묶는 단순한 형태였다. 그러다 제정기에 들어서며 점차 세련되어져 기원전 1세기경, 상류계급 여성들 사이에서는 숯불로 달군 금속 인두로 컬을 만든 머리칼을 여러 겹 쌓아 올린 머리 모양이 유행했다.

복장

정장은 로마 시민이라는 증거

고대 로마에서 정장으로 정해진 옷을 입을 수 있는 사람은 로마 시민뿐이다.

튜니카
입기 쉽고 활동하기 편해서 남성의 가장 일반적인 의복이었다. 서민이나 노예에게는 유일한 옷이기도 했다.

토가
성인 남성이 착용하는 정장이다. 양모로 만들어진 토가는 부유층의 외출복으로 이용되었다.

스톨라
여성의 일반적 복장으로, 튜니카의 아랫부분을 길게 늘인 옷이다. 옷자락에 자잘한 주름을 잡아 아름답게 보이도록 노력했다.

팔라
여성은 외출할 때 스톨라를 착용했다. 또 그 위에 팔라라고 하는 무릎까지 닿는 네모난 숄을 둘렀다.

여성의 헤어스타일
로마 여성은 머리 모양에 관심이 많았다. 옛날부터 전해지는 머리 모양은 머리칼을 중앙에서 갈라 아래에서 하나로 묶는 간단한 형태였지만, 시대가 흐르면서 컬을 만든 머리칼을 여러 겹 쌓는 화려한 스타일이 유행했다.

개와 새, 그리고 사자, 고대 로마의 반려동물은 다양했다

어느 시대? ▷	왕정기	공화정기	제정기

어느 계층? ▷	황제	부유층	자유인	노예

가장 인기 있는 반려동물은 개!

고대 로마인은 가축과 별도로 여러 반려동물을 키웠다. 개와 새는 물론, 원숭이, 뱀, 여우, 사자, 물고기 같은 보기 드문 동물도 키웠다. 그중에서도 많은 로마인의 사랑을 받은 동물은 개였다.

고대 로마 시대에 쓰인 풍자소설 『사타리콘』에는 부자인 트리말키오라는 인물이 키우는 개가 등장한다. 그 개는 부드러운 천으로 둘러싸여 다 먹지 못할 만큼 음식이 주어졌다고 소설에 쓰여 있었다. 그만큼 사랑받은 것이다.

또 목장이나 집을 지키는 개도 있어 로마인의 재산을 지키는 데 한몫을 했다. 기원후 1세기, 베수비오 화산의 분화로 멸망한 도시 폼페이에는 집에 개가 있음을 알리는 '개 주의'라고 쓰인 모자이크가 남아 있다.

당시 이미 맹도견도 있었다고 여겨진다. 화산 분화 때 폼페이와 함께 사라진 도시 헤르쿨라네움 유적에서는 개에게 인도되는 사람을 그린 그림이 발견되었다.

개는 남은 음식이나 쓰레기를 먹어 거리를 청소하는 역할도 했다. 개를 사랑하는 사람이 많았던 로마에서는 키우던 개가 죽으면 무덤을 만들고 묘비명을 기록하는 문화가 있었을 정도다.

개 외에 인기 있던 동물은 새다. 보통 비둘기를 많이 키웠고 참새, 개똥지빠귀, 나이팅게일 등도 키웠다. 가장 인기 있는 새는 앵무새 같은 '말하는 새'였다.

한편 고대 로마의 미술품에 보이는 고양이의 모습은 대부분 쥐를 퇴치하는 모습이다. 고양이는 쥐잡기에는 중요한 존재였지만, 반려동물로는 그다지 환영받지 못한 것으로 보인다.

반려동물

사람들의 생활에 도움되는 존재

반려동물들은 집 지키는 개, 맹도견으로 활약했다. 또 사람의 마음을 위로해주는 존재로서도 사랑받았다.

개

현대와 다름없이 개는 고대 로마에서도 많이 키웠다. 주인의 재산을 지키거나 사냥개로 이용되는 등 여러 역할을 수행했다.

새

보통 비둘기나 참새, 개똥지빠귀를 키웠다. 많은 사람이 좋아했던 새는 앵무새 같은 말할 수 있는 새였다.

고양이

사람들은 고양이를 많이 키웠지만 그 목적은 쥐를 잡기 위해서였다. 반려동물로 키운 것은 아니었다.

토끼

귀여운 모습이 소녀에게 인기가 많았던 동물로 어린 여자아이를 위해 키우는 집이 많았다.

기타 동물

원숭이나 뱀, 여우, 사자 같은 보기 드물거나 흉폭한 동물도 반려동물로 키우는 사람이 있었다.

고대 로마 시대에 상류층은 주로 부인이 이혼을 요구했다

어느 시대? ▷	왕정기	공화정기	제정기

어느 계층? ▷	황제	부유층	자유인	노예

겨우 결혼했는데, 기다리는 건 이혼?

고대 로마에서 남성은 14세, 여성은 12세에 결혼할 수 있었다. 로마 법률에서는 로마 시민끼리의 결혼이 전제였다. 라틴인 이외의 외국인은 로마 시민과 결혼할 수 없고, 노예와 하는 결혼도 인정되지 않았다. 또 사촌 내의 혈연자와 하는 결혼도 금지되었다.

결혼 상대는 신랑신부의 부친이 선택했다. 그가 결혼할 때 가장 중요하게 여긴 조건은 상대방의 가문과 자산이었다.

신랑에게는 장래성, 신부에게는 순결성과 아이를 낳는 능력이 요구되었다. 또 신부는 지참금인 도스(dos)가 필요했다. 로마인의 결혼은 가족끼리의 조화도 중시되었으므로 부유층일수록 지참금 액수도 하늘 높은 줄 모르고 치솟았다. 고액의 지참금을 준비할 수 없으면 결혼을 허락받지 못했다.

결혼식 전에는 약혼식을 올렸다. 신랑, 신부 양쪽 부모가 결혼 서약을 주고받고 신랑 측이 약혼 예물로 준비한 반지를 교환한다. 이때 지참금의 액수가 정해지고 그 약속에는 법적인 책임이 따랐다.

결혼식 당일은 아침부터 친구와 친척들이 모였다. 결혼식에서는 신들에게 제물을 바치고 결혼 서약서에 서명한다. 그 후 중매인이 신랑 신부의 손을 하나로 이어주는 것이 관습이었다.

저녁 무렵 피로연이 끝나면 신부는 신랑의 집으로 향한다. 이때 신부는 "당신이 가이우스라면, 나는 가이아가 될 것입니다"라는 정해진 문구를 외친다.

한편 상류계급에서는 이혼율이 높았다. 특히 제정기의 자유분방한 상류층 여성들은 '아기를 낳아 어머니가 되는 일은 지루하고 피곤하다'라고 생각했다. 그런 사고방식이 부부 사이에 균열을 일으켜 부인이 이혼을 요구하는 경우가 많았다.

결혼의 조건

매우 복잡한 결혼 조건

고대 로마 시대의 결혼은 연령뿐만 아니라 가문과 자산 등 여러 조건이 자세히 정해져 있었다.

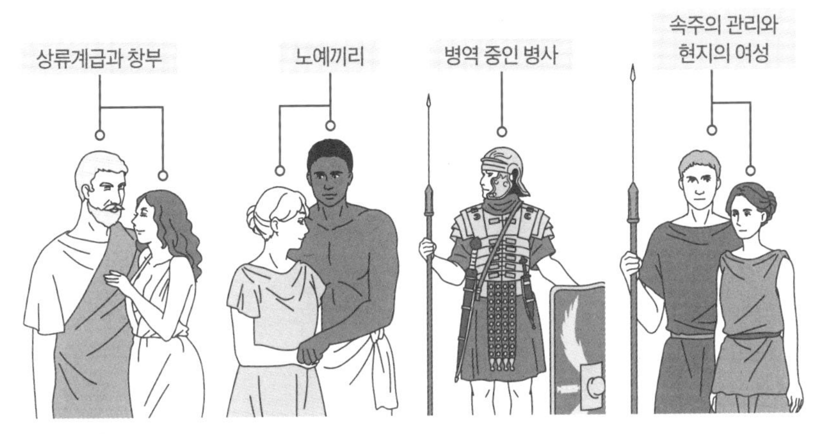

결혼 금지

원로원 집안 등의 상류계급과 창부 같은 직업에 종사하는 사람의 결혼은 허락되지 않았다. 노예끼리의 결혼도 인정되지 않았을 뿐 아니라 병역 중인 병사도 결혼할 수 없었다.

다양한 지참금

고대 로마의 결혼은 가문이 무엇보다도 중요시되었다. 신부가 지불해야 하는 도스(지참금)의 값어치도 신분이 높을수록 올라갔는데 도스는 현금뿐 아니라 부동산과 노예, 의복, 장식품과 같은 형태로 보내기도 했다.

결혼의 조건

남성은 14세, 여성은 12세에 결혼할 수 있었다. 연령을 만족해도 둘 다 로마 시민이 아니면 결혼할 수 없고 부친이 정한 자산이나 가문의 조건을 만족하는 사람을 찾지 못하면 결혼할 수 없었다.

결혼식

멋진 이벤트가 가득한 결혼식

부잣집 상대와 결혼하고 싶으면 신부 측이 그에 상응하는 금액의 도스를 준비해야 했다.

약혼식

결혼식 전에 반드시 약혼식을 올렸다. 약혼식의 목적은 양가 상견례다. 결혼 서약을 주고받는 것 외에 반지 교환과 법적 책임을 동반하는 계약을 했다.

결혼식 전날

결혼이 정해진 여성은 결혼식 전날 어릴 때 가지고 놀았던 헝겊인형을 집에 설치된 신단에 바치는 관습이 있었다.

결혼식

당일은 아침부터 친인척과 지인들이 모여 성대하게 축하한다. 신들에게 제물을 바치고 신랑과 신부 양쪽이 언약의 말을 주고받는 등 다양한 이벤트가 진행된다.

피로연

피로연에서는 신부의 머리 위에서 빵을 나누고 나뉜 빵의 한쪽을 신랑이 먹었다. 이 의식으로 신랑과 신부는 앞으로 함께 살아감을 서약했다.

첫날밤

결혼식 절차가 모두 끝난 후 신부는 신랑의 친구들에게 번쩍 들어 올려져 신랑 집의 문지방을 넘었다. 신부는 그대로 신랑이 기다리는 침대까지 옮겨져 함께 밤을 보냈다.

이혼

육아 문제로 부부 사이가 악화!?

고대 로마에서는 육아에 대한 인식이 좋지 않아 아이를 키우는 생활에 싫증 난 부인이 이혼을 요구하는 일이 많았다.

동거 및 내연

결혼이 인정되지 않은 로마 시민 외의 사람들은 동거와 내연이라는 형태의 생활만 했다.

육아를 싫어하는 여성

상류계급 여성 사이에 아이 키우기를 지루하고 피곤하다고 생각하는 풍조가 있었다. 또 당시의 출산은 생명이 위험해지기까지 해서 아이를 낳기 싫어하는 여성이 많았다.

이혼

화려하게 결혼식을 올렸던 부부의 사랑도 영원하지 않다. 육아 문제 등 부부 관계를 나빠지게 하는 사건도 많아 이혼은 드문 일이 아니었다.

독신자나 아이가 없는 부부는 법률에 의해 처벌을 받았다

어느 시대? ▷	왕정기	공화정기	제정기

어느 계층? ▷	황제	부유층	자유인	노예

고대 로마의 저출산과 신생아 유기 문제

로마 제국을 괴롭힌 사회문제로 저출산 문제가 있다. 로마 인구를 적정 수준으로 유지하려면 로마 여성은 평생 아이를 5명 이상 출산해야 했다.

매우 높은 수치다. 예방의학(병의 예방에 중점을 둔 위생학의 한 분야-옮긴이)이 발달하지 않았던 당시는 유아기 사망률이 매우 높았다. 실제로 아이를 5~6명 낳는다 해도, 성인이 될 때까지 성장하는 아이는 절반도 되지 않았다.

그렇다고 로마 여성이 모두 5~6명이나 되는 아이를 낳은 것은 아니다. 상류층 여성은 출산과 육아를 꺼려서 어린이 수는 점점 줄어들었다. 그 시절 출산은 생명이 왔다 갔다 할 정도로 큰일이어서 유산이나 조산, 다산으로 인해 위급해지는 일이 많았기 때문이다.

그래서 초대 황제 아우구스투스는 기원전 18년에 '율리우스 법', 기원후 9년에 '파피우스 포페이우스 법(Lex Papia et Poppaea)'을 제정해 상류계급 여성들에게 결혼과 출산을 장려했다. 20~50세 여성과 25~60세 남성에게 결혼을 의무로 했고, 독신자나 아이가 없는 부부에게는 벌칙을 내렸다. 반대로 아이가 많은 집에는 혜택을 주었다.

고대 로마에서는 수많은 신생아가 유기당했다. 아기가 태어나면 '톨레레 리베룸(tollere liberum)'이라는 의식을 행했다. 톨레레 리베룸은 가부장이 아기를 들어 올려 가족의 일원임을 인정하는 의식으로, 가부장이 인정하지 않으면 아기를 버릴 수 있었다.

상류층에서는 부정한 관계로 태어난 아기를 유기하는 경우가 많았다. 하류층은 생활고를 이유로 미래의 일꾼인 남자아이보다 여자아이를 버리는 일이 많았다. 버려진 아기는 굶어 죽거나 노예 상인에게 팔려갔다.

출산

고대 로마도 피하지 못한 심각한 저출산 문제

의학이 발달하지 못해 생명이 위험해졌던 출산, 그러나 한편으론 신생아가 버려지는 문제도 있었다.

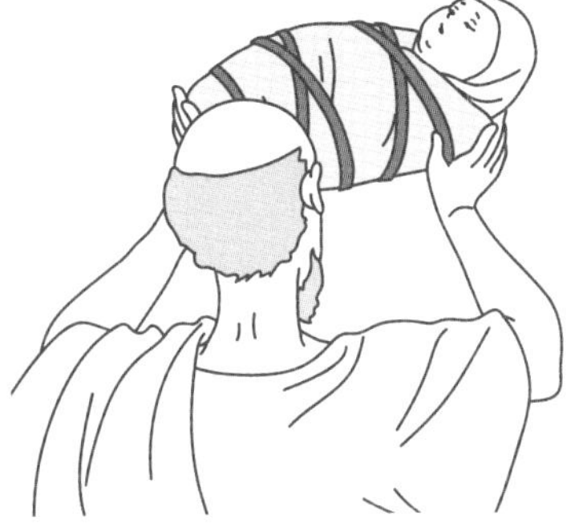

출산

저출산 문제는 여성 한 명이 5~6명의 아이를 출산해야 해결할 수 있었다. 하지만 당시 의학으로는 유산이나 조산 등 산모와 아기 모두 위급해지는 일이 많았다.

의식

고대 로마에서는 태어난 아기의 생사가 가부장에게 좌지우지되었다. 톨레레 리베룸이라는 의식에서 가부장은 이 집의 아이라고 인정한 아기를 위로 들어 올렸다.

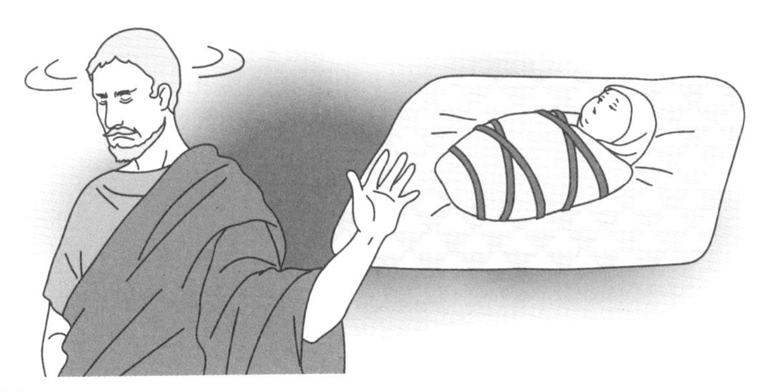

유기

가부장에게 인정받지 못한 아이는 버려져 노예가 되든지 그대로 죽을 운명에 처해졌다. 또 서민은 아이를 키울 돈이 없어 낳은 아이를 버리기도 했다.

고대 로마 시대 고층 주택은 서민들이 사는 집이었다

어느 시대? ▷	왕정기	공화정기	제정기

어느 계층? ▷	황제	부유층	자유인	노예

가난한 사람일수록 불편한 위층에 살았다

번영한 도시 로마는 전성기에 인구 100만 명을 넘는 과밀이 되어 토지 부족 문제에 시달렸다.

단독주택은 부유층 중에서도 아주 일부의 사람들만 살 수 있었다. 서민은 현대의 아파트 같은 고층 공동주택에 살았다. 공동주택은 인술라(insula)라고 하는데 라틴어로 '섬'이라는 뜻이다. 하늘로 오뚝 솟은 공동주택의 모습이 꼭 바다에 떠 있는 섬 같아서 붙여진 이름이다.

인술라는 보통 2~7층으로 네모난 상자처럼 생겼다. 4층까지는 벽돌로 지어지고, 5층 이상은 목재 같은 가벼운 건축 재료가 사용되었다. 그래서 위층으로 올라갈수록 약하고 무너지기 쉬웠다. 또 당연하게도 엘리베이터 따위는 없어 계단으로 오르내려야 했다.

그래서 현대의 펜트하우스와 반대로 부유층은 아래에 살고 빈민일수록 위층에 살았다.

1층에는 상점이 있는 경우가 많았다. 1층 출입구 근처에는 공동 우물이 만들어졌다. 로마에는 수도망이 있었지만 고층까지 연결하진 못해서, 2층 이상에 사는 사람들은 공동 우물에서 물을 길어다 썼다. 또 인술라에는 부엌과 화장실도 없었다.

결코 쾌적하다고는 할 수 없는 인술라였지만 집세는 비쌌다. 게다가 집세 수입을 늘리기 위해 인술라의 주인은 층수를 높여 세입자를 더 많이 받으려 했다. 그래서 항상 붕괴의 위험이 따랐다. 아우구스투스 황제는 약 20m를 넘는 인술라를 짓지 말라고 법으로 정했고, 그 후 트라야누스 황제는 그 기준을 약 18m로 더욱 엄하게 규제했다. 그러나 법을 지키지 않는 인술라도 많았다.

수많은 위험을 지니고 있던 공동주택

심각한 토지 부족으로 좁은 곳에 다닥다닥 밀집해 있던 공동주택에는 많은 문제가 있었다.

인술라

집이 없는 대부분의 서민은 고층 주택에 살았다. 오뚝한 모습이 하나의 섬처럼 보여서 섬을 뜻하는 '인술라'라는 이름이 붙었다. 2층부터 주거가 가능했다.

인술라의 문제

붕괴

약하고 위험한 재료로 간단하게 만들어져 무너지는 사고가 많이 일어났다.

화재

인술라에는 타기 쉬운 목재도 건축 재료로 사용되었다. 여름에는 매우 건조해 화재가 자주 발생했다.

이웃과의 갈등

위층에 사는 주민은 창밖으로 쓰레기나 오물을 던져서 버리기도 했다. 항아리를 던지는 사람도 있어서 건물 아래를 걸을 때 주의해야 했다.

부엌과 화장실은 부자가 사는 단독주택에만 있었다

어느 시대? ▷	왕정기	공화정기	제정기

어느 계층? ▷	황제	부유층	자유인	노예

무책임한 주민이 창밖으로 오물을 버리기도

앞서 소개한 인술라는 겉모습은 현대의 아파트 같지만, 생활에 꼭 필요한 수도 시설도 없고 부엌과 화장실도 없었다. 부엌이나 화장실은 부유층이 사는 단독주택에만 있었다.

단독주택 부엌에는 화덕, 냄비 등의 조리기구, 식기류, 나무 통이나 항아리 같은 저장용기, 설거지통 등이 있었다. 부엌이 없는 인술라의 주민은 간이 화로로 조리하거나 근처 식당을 이용했다(화재를 막기 위해 방에서의 취사가 금지되기도 했다).

폼페이 유적에서 발견된 가옥에는 수세식이 아닌 화장실이 부엌 안이나 바로 옆에 있었다. 부엌에서 나온 쓰레기와 화장실의 오수를 같은 장소에서 처리했기 때문이다. 위생 문제는 있었지만 집 구조상 어쩔 수 없는 일이었다.

인술라 주민은 건물 안에 화장실이 없어서 유료 공중화장실을 이용했다. 공중화장실에는 구멍이 여러 개 뚫린 긴 의자 모양 변기가 있어 거기 앉아서 용변을 보았다. 현대의 화장실처럼 벽으로 가려져 있지 않아, 사람들은 화장실을 이용하며 대화도 했다.

인술라에 화장실은 없었지만 화장실 대신 쓰는 항아리가 놓여 있었다. 항아리에 담긴 배설물을 밖을 향해 던져 버려서 말썽을 일으키는 주민도 있었다.

그뿐 아니라 위층 창에서 버려진 물건 중에는 단지나 접시 같은 단단한 물건도 있었다. 더럽기도 했지만 위험해서 인술라의 창에서 물건을 던지는 행위는 법률로 금지되었다. 낙하물로 통행인이 피해를 입으면 인술라 주민 전원이 책임을 져야 했는데, 그런데도 주민들의 물건 던지기는 줄지 않았다고 한다.

서민의 주택 ②

공중화장실에서 잡담을 즐긴 로마인

서민이 살던 인술라에는 화장실을 비롯해 생활에 필요한 설비가 없었다. 사람들은 공중화장실에서 용무를 해결했다.

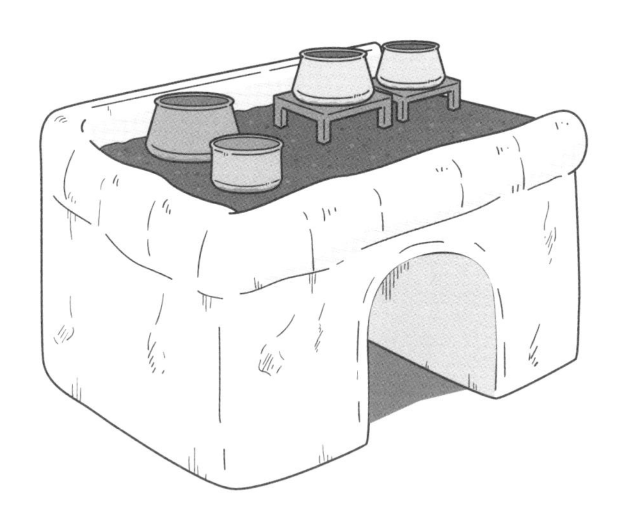

부엌

고대 로마에서 부엌은 사회적 지위를 나타내는 지표였다. 서민 주택에 부엌이 없었기 때문에 자택에서 하는 식사는 부유한 자에게만 주어진 사치였다.

화장실

서민 주택에는 용변을 해결할 장소도 없어서 서민은 매번 유료 공중화장실을 이용했다. 그곳에서 옆 사람과 이야기도 나누어 공중화장실은 사교장 같은 기능을 했다.

집회, 경기, 전시 등 거리의 광장은 시민의 다목적 홀이었다

어느 시대? ▷	왕정기	공화정기	제정기

어느 계층? ▷	황제	부유층	자유인	노예

많은 주민들의 생활에 뿌리내린 광장

대도시 로마에는 곳곳에 광장이 있었는데, 도시 중심부에 포룸 로마눔이라는 가장 유명한 광장이 있다. 라틴어 '포룸(forum)'은 공개토론회나 법정을 의미하는 영어 'forum(포럼)'의 어원으로 상업활동과 집회를 행하는 장소를 일컫는다. 포룸 로마눔은 원래 시장으로 쓰이던 장소였다. 그러다가 의식이나 경기, 공연이 열리곤 했고, 점차 정치 시설이 주변에 세워지게 되었다.

사람들은 포룸에서 정치 이야기를 하거나 집회를 열었으며, 점차 시민 생활의 중심이 되었다. 주위에 신전도 있어서 광장에 모인 사람들이 제단에서 타오르는 베스타 여신의 불을 향해 참배하기도 했다.

로마의 정치체제가 공화정에서 제정으로 바뀌면서 시민들 사이에서 정치적 활기는 줄었지만 포룸에서의 집회는 계속되었다. 또 전쟁이나 역병이 일어나면 사람들은 포룸에서 신에게 기원했고, 사람이 죽었을 때는 추도 연설이 행해지기도 했다. 제정기 포룸 로마눔 주위에는 원로원 의사당, 재판소 등으로 쓰였던 기둥이 나란히 줄지은 아케이드 모양 건축물 아에밀리우스 바실리카와 율리우스 바실리카, 베스타 신전, 율리우스 카이사르 신전, 아우구스투스 개선문 등이 있었다.

수도 로마의 중심인 포룸 로마눔에는 금으로 된 마일 표시석(이정표)도 있었다. 마일 표시석에는 로마 제국 주요 도시로부터의 거리가 기록되어 있다.

로마가 발전하자 포룸 로마눔 외에 새로운 포룸도 만들어졌다. 포룸은 황제와 로마 제국을 칭송하는 기념비적인 의미가 있었다.

정치, 신앙, 상업 모두를 담당한 공공광장

고대 로마에는 매일 많은 사람들이 모여 북적였던 제국의 중심인 광장이 있었다.

❶ 포룸

광장이라 불린 포룸은 대리석 신전과 공회당, 평의회장 등에 둘러싸인, 이른바 집회장 같은 역할을 했던 곳이다. 주변에는 은행이나 상점이 밀집해 있어 계급에 상관없이 권력자부터 노예까지 많은 사람들이 활보했다.

❷ 상점

포룸 근처에는 수많은 가게들이 늘어서 있었다. 상점은 무엇이든 살 수 있는 편리한 장소였다.

총 길이 15만km의 로마 가도는 완성까지 400년이 걸렸다!

어느 시대? ▷	왕정기	공화정기	제정기

어느 계층? ▷	황제	부유층	자유인	노예

시내는 저녁 이후에만 마차가 다닐 수 있었다

"모든 길은 로마로 통한다"라는 말이 있다. 방법은 달라도 도달하는 결론은 같다는 의미로 고대 로마가 도로 정책을 중시했던 것에서 생겨난 말이다.

도시 로마는 예전부터 이탈리아 반도의 교통 요지였다. 로마는 식민도시나 속주를 잇는 가도를 설치해, 수도를 중심으로 한 물류와 군사활동의 네트워크를 구축했다.

로마 가도는 기원전 312년에 정치가 아피우스 클라우디우스가 건설한 아피아 가도에서 시작되었다. 가도는 공화정 시기부터 제정기에 걸쳐 만들어졌는데, 지선까지 포함하면 총 길이 15만km나 되는 엄청난 규모였다.

도로는 4중 구조로 이루어졌다. 자갈이나 모래로 기초 지반을 쌓고 현무암 돌바닥을 깔았다. 가도의 폭은 대략 4.8~6.5m로 마차가 지나갈 수 있었다. 도로의 양끝에는 배수로를 만들어 빗물이 흐르도록 했다. 배수로의 외측에는 보도가 만들어졌다. 즉 현대의 도로와 같은 모양새였다.

가도를 만드는 공사에는 로마군 병사도 동원되었다. 병사는 전투가 없는 시기에 도로 공사와 같은 공공사업에 종사했다. 로마 가도는 거리와 거리를 연결했는데, 로마 시내에도 도로가 그물망처럼 가로질렀다. 시내의 도로는 상류계급 사람들이 탄 가마(노예들이 메고 운반했다)나 보행자들이 이용했다.

길은 항상 혼잡했다. 교통량을 줄이기 위해 일출에서 일부 예외를 제외하고 오후 4시까지는 마차나 짐수레가 시내를 달리는 일을 금지했다. 그러자 많은 마차들이 밤에 시내를 이동하는 바람에, 차바퀴가 돌바닥을 달리며 내는 소음으로 잠들지 못하는 시민들도 많았다고 한다.

로마 가도

400년 동안 수작업으로 돌길을 깔아 완성!

로마 번영의 주춧돌이기도 한 로마 가도는 군대의 신속한 이동을 목적으로 만들어졌다.

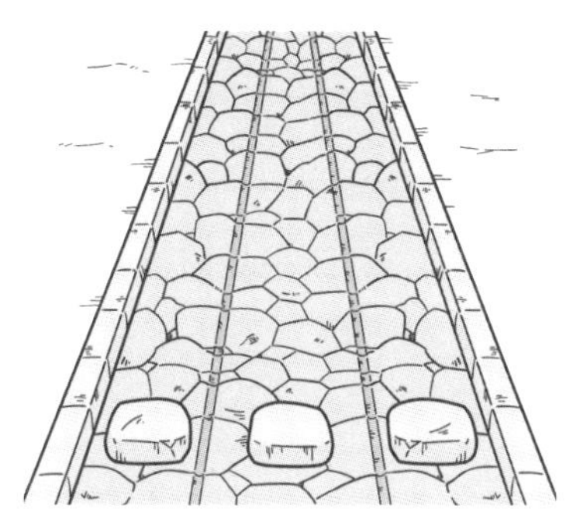

총 길이 15만km

처음에 공사가 시작되고 나서 약 400년 세월에 걸쳐 15만km까지 늘어났다. 제국 안에 건설된 길은 고대 로마의 번영을 이끌었다.

도로 포장

자갈과 작은 돌 위에 다시 현무암 석판을 깔아 매우 공들여 포장했다. 시내의 도로에는 짐마차 등을 피하기 위한 보행용 징검돌도 설치했다.

수면 방해

낮 동안에 가도는 인파로 넘쳐나서 차량 진입이 금지되었다. 그래서 주로 밤에 이동하게 되어, 길 근처에 사는 주민은 짐마차가 내는 소음으로 고통받았다.

좁은 도로 폭

마차가 여유롭게 지나가기 위해 필요한 폭으로 만들어진 도로는 제국 각지에서 모인 사람들이 걸어다니기에는 좁아서 매일 사람들로 북적였다.

로마의 사망률 상승은 엉터리 하수 처리 때문이었다

어느 시대? ▷ 왕정기 | 공화정기 | 제정기

어느 계층? ▷ 황제 | 부유층 | 자유인 | 노예

하수도를 만들었지만 위생 상태는 엉망이었다

세계에서 가장 오래된 수도(水道)는 고대 로마에서 만들어졌다. 로마에 인구가 밀집하자 물 부족이 사회문제로 떠올랐다. 로마는 테베레강 기슭에 세워졌는데, 테베레강의 물만으로는 부족해졌다.

물 부족을 해결하기 위해 만들어진 것이 수도였다. 먼저 가까운 산의 수원지에서 물을 끌어오는 공사를 했다. 앞에서 로마 가도가 정치가 아피우스 클라우디우스가 만든 아피아 가도에서 시작됐다고 했는데, 최초의 수도도 클라우디우스가 만든 아피아 수도였다.

처음에는 지하에 수도를 매설했지만, 기원전 2세기 중반의 마르키아 수도는 수도교 형태로 만들어졌다. 발달한 로마 건축 기술의 상징인 아치 구조의 수도교는 잘 무너지지 않았다. 물을 높은 곳으로 통과시킨 이유는 지세가 굴곡진 로마 시내 구석구석까지 물을 공급할 수 있게 하기 위해서였다. '물의 도시' 로마의 인구가 100만 명이 넘었을 때, 1명당 물 소비량은 약 500리터나 되었다.

수도는 돌로 만들었는데 물이 통하는 관은 처음에 나무나 도기로 만들었다. 점차 금속이 쓰이게 되어 납으로 만든 관이 등장했다. 송수관에 자신의 관을 연결해 물을 훔치는 사람이 나타나 쉽게 가공할 수 없도록 했다. 그러나 납이 물에 녹는 바람에 만성 납 중독이라는 피해도 나타났다.

수도관을 통해 시내 곳곳에 물이 운반되었다. 시민들이 사용한 물은 대하수도(클로아카 막시마, cloaca maxima)를 통해 테베레강으로 흘러들어갔다.

그러나 수준 높은 기술이 집약된 상수도와 달리 하수 처리는 엉망이어서, 테베레강 수질은 말도 못하게 오염되었다. 이러한 심각한 위생 상태가 로마 시민 사망률 상승의 원인으로 보인다.

수도시설

현대인도 놀랄 만한 수도 기술

고대 로마 시내에 안정적으로 물이 구석구석까지 공급될 수 있었던 이유는 로마인이 고도의 기술을 지녔기 때문이다.

안정된 상수도

저수조나 수도관을 통해 공공분수로 운반된 물은 시민 생활에 큰 도움을 주었을 뿐 아니라 공중목욕탕의 발전에도 한몫했다.

고도의 기술이 이용된 수도교

수도교는 아치 구조로 수로를 지지하는 아케이드 역할을 했다. 수면을 높이 유지하여 로마 시내 전체에 빠짐없이 물을 공급하기 위해 지어졌다.

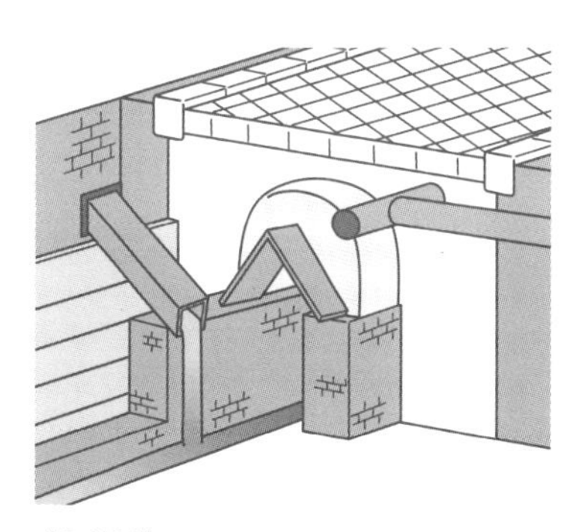

배수 시스템

교외에서 끌어온 물은 토관 등의 송수관에서 공공분수에 공급되었다. 공중화장실에서 나온 오물은 하수관으로 흘러들어 그대로 테베레강에 배출되었다.

엉망인 하수 처리

상수도가 안정되었어도 하수 처리는 그대로 강에 버릴 뿐인 조악한 상황이었다. 이러한 위생 상태의 악화가 당시 로마 시민의 사망률을 높였다.

쓰레기 방치, 소음, 불안한 치안, 로마는 점점 살기 힘든 대도시가 되었다

어느 시대? ▷	왕정기	공화정기	제정기

어느 계층? ▷	황제	부유층	자유인	노예

쓰레기와 소음 문제로 로마는 살기 힘든 도시였다

최전성기에 인구가 100만 명을 넘었던 로마는 고대의 유일한 과밀 도시였다. 수도 로마의 인구가 증가한 이유 중 하나는 포로다. 자주 일어났던 전쟁에서 잡혀 온 수많은 포로들이 노예가 되었다. 또 노예를 쓰는 대규모 농장과의 경쟁에서 진 농민이 농지를 버리고 로마로 오는 일도 많았다. 이런저런 이유로 인해 수도 로마는 수많은 사람들로 콩나물 시루처럼 빽빽해졌다.

급속하게 시민이 늘어난 로마는 활기가 넘쳤지만, 그에 수반하는 여러 문제들이 발생했다. 대표적으로 쓰레기 문제가 있는데 길을 오가는 사람들이 내버리는 쓰레기뿐 아니라, 양과 같은 가축의 분뇨도 도로를 뒤덮었다. 고대 로마의 시인 유베날리스는 "거리를 걸으면 마치 진흙탕 속을 걷는 것 같다"라고 했다.

또 인구가 많아지면 당연히 큰 소리와 소음이 나기 마련이니 로마 사람들은 소음 문제로도 괴로워했다. 유베날리스와 동시대 시인 마르티알리스도 "아침에는 선생의 고함 소리, 밤에는 빵집에서 빵 만드는 소리, 낮에는 장인들의 망치 소리로 시끄럽다"라고 기록을 남기기도 했다.

이처럼 로마인들은 쓰레기와 소음 문제로 고통받았는데, 설상가상으로 치안 문제까지 더해졌다. 로마에는 가로등이 없어서 밤이 되면 급격히 어두워진다. 그러자 강도나 도둑이 부지기수로 나타나 시민들을 두려움에 떨게 했다. 앞서 말한 유베날리스는 "밤거리를 혼자 걷기 전에 유언장을 써두지 않으면 나태한 사람이다"라고 말하기까지 했다. 부자는 호위꾼을 고용하거나 노예와 동행할 수 있었지만, 그렇지 못한 사람에게 로마는 무척 살기 힘든 곳이었을지 모른다.

도시 문제

밤에 외출한다면 호위꾼과 함께

대도시 로마는 사람이 많아서 생기는 많은 문제와 거리 치안 악화로 주민들이 고통받았다.

도로를 덮은 쓰레기

많은 사람이 오가는 도로에는 사람들이 마구 버린 쓰레기와 가게에서 내버린 쓰레기가 항상 넘쳐났다. 이런 상황에 많은 로마인이 분개했다.

소음 문제

낮에는 오가는 사람들이 내는 큰 목소리와 웅성거림으로 조용할 날이 없었다. 밤 또한 낮에 통행이 금지된 차량들이 덜커덩거리며 도로를 달려 마음 편히 잠들 수 없었다.

치안 악화

로마의 밤은 캄캄했다. 소매치기와 강도가 횡행하여 혼자 밤길을 걷는 일은 매우 위험했다.

호위꾼 고용

밤에 외출할 일이 있으면 호위꾼을 고용하거나 노예와 같이 걸어야 했다.

고대 로마는 장례식 때 고인의 입에 동전을 넣는 관습이 있었다

어느 시대? ▷	왕정기	공화정기	제정기

어느 계층? ▷	황제	부유층	자유인	노예

초기의 화장에서 점차 토장이 늘어났다

생활환경이 좋지 않아 고대 로마 사람들은 오래 살지 못했다. 유아 사망률이 높기도 해서 평균 수명은 20~25세 정도였다. 60세 이상까지 산 사람은 적었다고 한다.

죽음이 흔했던 고대 로마에서는 장례가 중요했다. 왜냐하면 제대로 장례를 치르지 않은 사자는 악령이 된다고 생각했기 때문이다. 고대 로마인들은 사자의 영혼을 마네스(manes)라고 불렀다. 마네스에게는 음식과 술을 바치고 피를 봉헌할 때도 있었다. 검투사 노예의 시합은 원래 장례식으로 개최되었는데, 이는 마네스에게 피를 바치기 위해서라는 설도 있다.

시체는 매장되었다. 매장지, 즉 묘는 시내가 아닌 시외의 길가에 마련되었다. 당시 법률에서는 시내에서의 토장(土葬)이나 화장이 금지되었다. 공화정 시대는 화장이 중심이었지만, 제정 시대 초기부터 토장이 행해지게 되었다. 이는 동방 관습의 영향이었다. 장례는 대략 다음과 같은 형태로 진행되었다.

① 사망하면 유족이 일제히 고인의 이름을 부른다.

② 유체를 깨끗이 닦고 얼굴에 화장을 한다.

③ 배로 저승의 강을 건널 때 뱃사공에게 낼 동전을 고인의 입에 넣는다.

④ 매장일까지 며칠간 안치한다. 유체의 의복을 가지런히 한다. 친인척들에게 연락한다.

⑤ 매장일, 유체를 장례용 가마나 들것에 싣고 묘소로 향한다. 묘소에는 악사와 곡하는 여자들이 행렬을 이루어 따라간다.

⑥ 마지막으로 묘소에 유체를 화장 혹은 토장한다.

로마는 신분의 격차가 컸으므로 장례에도 차이가 있었다. 부자들은 장례를 성대하고 치르고 호화로운 묘를 만들었지만, 서민의 장례는 참석자도 없고 공동묘지에 안장되었을 뿐이다.

장송

장례식 규모는 신분에 따라

장례식에는 많은 과정이 있었는데, 부유층일수록 성대하고 장중하게 치렀다.

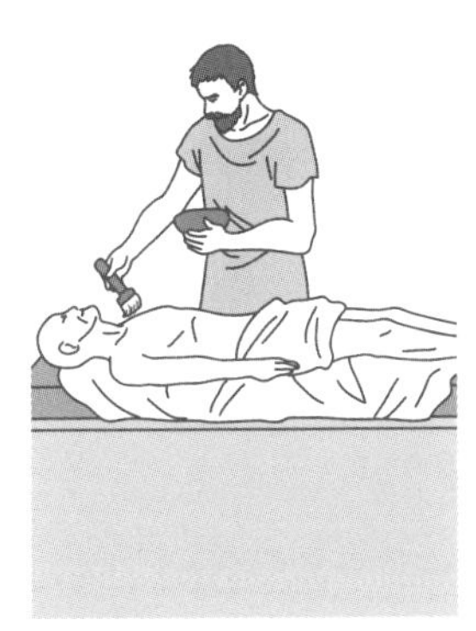

기름 바르기

사망한 사람의 유체를 정중하게 깨끗이 닦고 얼굴에 화장을 한 후 온몸에 기름을 발랐다.

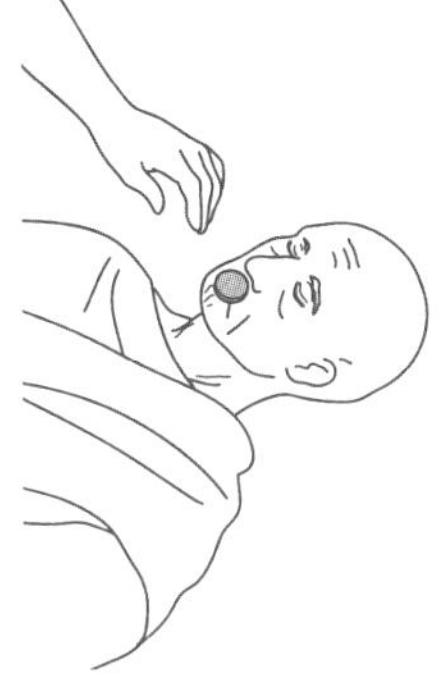

동전 넣기

저승의 강 뱃사공인 카론에게 낼 뱃삯으로 입 속에 동전을 한 개 넣었다.

장례

부유층의 장례식은 참석자가 많았고 곡하는 여자와 악사, 무용수도 함께 참석해 고인이 가는 길을 성대하게 배웅하였다.

토장

당시 로마에서는 토장과 화장이 병용되었는데, 비용이 들지 않는 토장이 일반적이었다.

성대한 공직자의 장례

공직자 등 부유한 신분인 사람은 개인 묘를 세울 수 있었다. 그러나 그렇게 할 수 있는 사람은 로마 인구의 1%도 되지 않았다.

소 · 돼지의 내장으로 길흉을 점치고 남은 고기는 함께 먹었다

어느 시대? ▷	왕정기	공화정기	제정기

어느 계층? ▷	황제	부유층	자유인	노예

로마의 신을 그리스의 신과 동일시했다

다신교를 믿었던 고대 로마인은 여러 신들을 숭배했다. 단, 로마의 신들은 그리스 신들과 동일시되었다. 예를 들면 로마의 주신 유피테르는 그리스 주신 제우스, 로마의 해신 넵튠은 그리스 해신 포세이돈, 로마의 군신 마르스는 그리스 군신 아레스와 같은 신으로 취급되었다. 신들이 등장하는 신화도 그리스 신화에서 상당히 많은 영향을 받았다. 그리스에 영향받기 전 로마인의 신들과 신화도 존재했겠지만, 본래 신들의 성격과 신화가 어땠는지는 거의 알려져 있지 않다.

로마인들은 그리스만이 아닌 다른 나라 신들도 자신들의 신으로 받아들였다. 인도 · 이란의 태양신 미트라, 이집트 풍요의 여신 이시스 등이 로마의 신으로 변신했다.

제정기에는 죽은 황제를 나라의 신으로 모시기도 했다. 단, 신이 될 수 있는 황제는 공적을 남긴 자에 한했다. "이 황제는 신이 될 수 없다"고 원로원이 판단하기도 했다.

신앙심 깊은 로마인은 집 입구에 있는 라라리움(lararium)이라는 제단에 매일 하루의 평온을 기원했다.

신앙은 정치와도 관련이 깊었다. 로마 시내와 나라 곳곳에 커다란 신전이 지어졌고, 신관의 우두머리인 대신관장은 황제가 맡았다.

신에게 바치는 제사에서는 살아 있는 소나 돼지를 제물로 바쳤다. 제사 전에 제물의 배를 가르고 신관이 내장으로 길흉을 점쳤다. 중대한 정치적 결정을 내릴 때는 점의 결과에 의지했다. 제물의 내장은 신에게 바치고, 남은 고기는 제사 참석자가 먹었다.

농촌에서 지내는 제사에서는 농작물을 신에게 바쳤다. 제물을 쓰는 도시와 달리 소박한 제사였다.

종교

정치에도 영향을 끼친 신들의 존재

로마 사람들은 종교에 관용적이었고 다신교를 믿었다.

로마인이 믿었던 신들

하늘의 신 유피테르, 불과 화로의 여신 베스타를 비롯 바다의 신과 군신, 병을 고쳐주는 신 등 온갖 분야에 수호신이 존재했다. 모든 가정에서 제사 지내는 신은 페나테스, 라레스, 게니우스 등이 있었다.

라라리움

로마인의 집 입구에는 계급과 상관없이 모든 집에 신들을 모시는 작은 신단이 있었다. 사람들은 매일 라라리움 앞에서 신들에게 기원했다.

제물

제사에 바치는 제물로 동물이 사용되었다. 점술사가 제물로 정한 동물의 내장으로 길흉을 점쳐, 그 상태에서 신의 뜻을 해석했다. 그 후 제물의 내장은 신에게 바치는 공물이 되었다.

SPECIAL EDITION ①

밀착 취재! 로마 시민 24시

로마 시민의
아침부터
밤까지

로마 시민의 24시간은 어떻게 흘러갔을까?
로마인이 무엇을 먹고, 무엇을 하며, 무엇을 즐겼는지 쫓아가 보자.

로마 시민은 아침형 인간이었다!

AM 5 : 30

기상

로마 시민의 아침은 빨랐다. 매일 해 뜨는 시각에 노예가 깨워 일어난 시민은 그야말로 완전한 아침형 인간이었다. 고대 로마에서는 전용 침실에서 혼자 자는 것이 우아하다고 여겨져 부부끼리도 침실은 따로 썼다. 또 로마인들은 아침에 일어나면 몸이나 얼굴을 씻지 않았다.

아침 예배는 빠뜨리지 않는 일과

AM 5 : 45

라라리움

일어나면 먼저 라라리움이라 불리는 신단에 공물을 바치고 가족 모두 예배했다. 이 관습은 빈부의 차를 불문하고 모든 집에 존재했다. 고대 로마인은 신이나 정령이 모셔진 라라리움에 경배하면 신들이 재앙에서 지켜준다고 믿었다.

간단하고 몸에 좋은 음식

AM 6 : 00

아침식사

라라리움 예배가 끝나면 보통 가족이 모여 아침식사를 했다. 아침으로 먹는 음식은 빵이나 달걀, 치즈, 과일 등으로 기본적으로 라라리움에 올린 공물과 같은 메뉴가 많았다. 부잣집에는 요리사 노예도 있었지만, 아침식사는 매우 간단해서 요리사가 요리하는 일은 적었다.

매일 아침 유력자의 집에 문안 인사를 갔다

AM 6 : 30

문안 인사

중하류층 계급의 시민은 보호자의 거처에 매일 아침 방문하는 습관이 있었다. 문안 인사를 간 시민은 보호자에게 일감 중개나 재판에서의 변호를 부탁하고 금전이나 음식을 받았다. 이러한 혜택을 받은 시민은 대신에 그 보호자를 정치적으로 지지하는 비호관계를 맺었다.

로마의 시장에는 없는 게 없다

AM 7 : 30

시장

보호자의 집을 나온 시민은 그대로 시장에 들러 장을 보았다. 로마의 포룸(공공광장)에 열린 시장에서는 밀가루나 건축용 석재, 포도주, 양모, 쇠 등 없는 것 없이 다양한 물건을 팔았다. 이 물건들은 속주를 비롯한 이곳저곳에서 수입한 물품이었다. 시장은 매일같이 수많은 사람들로 북적였다.

유혈이 낭자하는 싸움에 열광

AM 11 : 30

콜로세움

로마 시민 대다수가 원형투기장인 콜로세움에 모인다. 콜로세움에서는 검투사 노예와 맹수 혹은 검투사 노예끼리 싸우거나 죄인을 처형하는 등 자극적이고 피투성이인 공연이 매일 열렸다. 엄청난 규모의 투기장은 수용 관람객 수가 무려 5만 명으로 황제 전용 좌석도 있었다. 많은 사람들이 죽음의 게임에 열광했다.

붐비는 식당에서 배를 채우다

PM 12 : 00

점심식사

고대 로마에는 끼니를 때울 수 있는 간이식당(포피나, popina)이 많았다. 포피나의 메뉴는 포도주, 치즈, 소금에 절인 정어리 따위였다. 화덕도 있어서 갓 구운 빵을 먹을 수도 있었다.

자질구레한 노동을 하는 노예 사기

PM 12 : 30

노예 시장

고대 로마에서는 일반 시민도 노예를 샀다. 성별, 연령, 피부색이 각각 다른 노예가 이름과 출신지, 특징이 적힌 나무 판을 목에 걸고 경매대에 나란히 올라서 있다. 당시 로마 인구의 30%였던 노예는 대다수가 전쟁 포로로 끌려온 사람이었다. 말할 수 있는 언어에 따라 가격이 달라졌다.

15만 명이 열광했던 전차 경주

PM 2 : 00

대경기장

로마 시민이 환호했던 오락거리가 원형경기장의 공연만은 아니다. 대경기장에서 열리는 전차 경주를 한 번 보기 위해 자그마치 로마 시민의 4분의 1이 모였다. 4개 팀이 한 레이스에서 각각 3대씩의 전차를 타고 경주를 했다. 경기를 지켜보는 약 15만 명의 관중은 자신이 좋아하는 팀을 전력으로 응원했다.

집에 목욕탕은 없다! 몸을 씻으려면 테르마에로

PM 4 : 00

목욕

고대 로마에서 욕실이 있는 집은 일부 부유층들의 저택뿐이었다. 그 외 일반 시민은 모두 테르마에라 불린 공중목욕탕에 가서 몸을 씻었다. 욕탕에는 고온의 증기가 꽉 찼고 바닥은 맨발로는 걷지 못할 만큼 뜨거웠다고 한다. 사우나나 냉수욕탕 등 현재의 대형 목욕탕과 큰 차이가 없는 구조였다.

로마 시민은 일찍 잠들었다

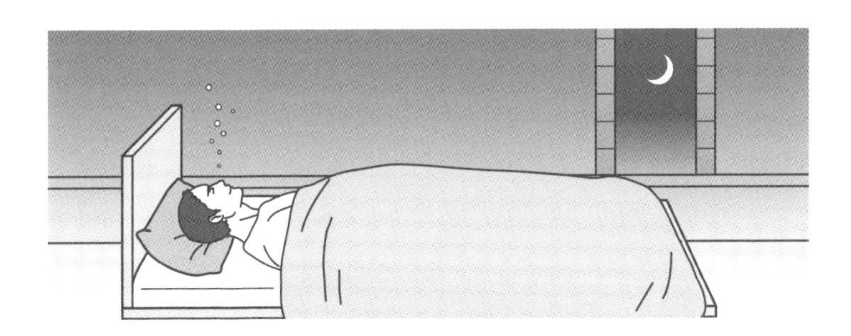

PM 5 : 00

취침

목욕 후 로마 시민은 해 지기 전에 저녁식사를 마치고 그 후에는 바로 잠들었다. 부유층은 매일 밤 연회를 열고 밤 늦게까지 술을 신탕 마시며 시끌벅적하게 즐겼다. 그러나 연회와 상관 없는 중하류층 계급 시민은 일찍 잠들어 다음 날 아침을 준비했다.

로마 시내 빵집은 국가에서 관리했다

300개가 넘는 수도의 빵집

고대 로마에는 정치가들이 유권자의 지지를 얻기 위해 가난한 서민에게 식품을 지급하는 관습이 있었다. 시대가 흘러 제정기가 되자 이 관습은 시민권 소유자에게 밀가루를 무상으로 배급하는 제도로 발전한다. 당시의 빵집은 가게 안에 거대한 맷돌을 비치해 밀을 빻는 일부터 빵을 굽는 일까지, 제빵의 전 과정을 도맡았다. 밀가루가 배급되고부터는 시민들이 가져온 밀가루로 빵을 만들어 지급했다.

로마 시민의 주식이었던 빵은 매일같이 대량으로 소비되는 음식이다. 빵을 처음부터 끝까지 모든 과정을 한 군데에서 대량으로 만드는 일은 매우 중노동이어서, 개업하는 사람은 해방노예가 많았다고 한다. 매년 늘어나는 빵의 수요를 채우기 위해 제빵사를 늘리려고 제빵기술을 가르치는 전문학교도 생겼다. 빵집 주인은 항상 국가의 관리를 받았고, 국가에서 급료를 받는 현대의 국가 공무원 같은 존재였다.

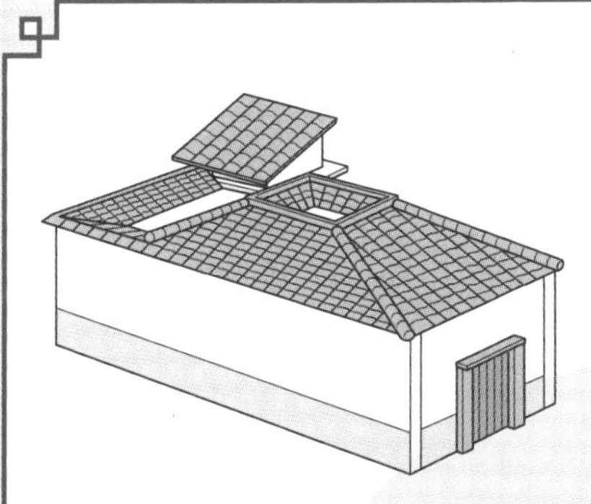

제 2 장

로마의 즐거움

로마 시민들의 생활은 놀라울 정도로 다양한 놀거리로 가득 차 있었다. 호화로운 공중목욕탕을 비롯해 연극, 전차 경주, 콜로세움에서 벌어지는 싸움 등 구경거리가 특히 많았다. 부유한 사람들은 매일 밤 연회를 열어 흥청거렸다. 이번 장에서는 로마 시민들의 오락과 스트레스 해소법에 대해 알아본다.

누워서 먹는 것이 로마식 매너라고 할 수 있었다

어느 시대? ▷	왕정기	공화정기	**제정기**

어느 계층? ▷	황제	**부유층**	**자유인**	노예

음식도 바닥에 버리고 소변도 그 자리에서!

고대 로마에서 유력자나 부자들은 연회(파티)를 열어 서로 친목을 다졌다. 부자들은 자신의 저택에 지인들을 초대해 매일 밤 연회를 개최했다.

연회의 목적은 인간관계 쌓기와 부의 과시였다. 파티에는 서민들은 먹기 힘든 각종 호화로운 요리와 술이 준비되었다. 트리클리니움(triclinium)이라 불리는 식당에 요리를 올려놓는 테이블이 있고, 초대된 손님들은 테이블 주위에 있는 긴 의자에 비스듬히 누워서 연회를 즐겼다. 긴 의자는 여러 사람이 드러누울 수 있는 가구다. 이 긴 의자에 옆으로 누워서 식사하는 것이 로마 연회의 상식이었다. 현대인 기준으로는 생각하기 어려운 일이지만, 의자에 눕는 방향이나 상석과 하석 같은 세세한 규칙도 정해져 있었다.

공공장소에서 누워서 먹는다는 사실만으로도 우리 상식으로는 이해하기 어렵지만, 더 믿을 수 없는 일은 한계 이상까지 먹는 식사 방법이다. 연회 참석자들은 많은 양의 음식으로 배가 꽉 차면 뱃속 음식을 토해내고 계속 먹었다. 구토를 돕기 위해 목구멍에 넣는 공작 깃털, 토사물을 담는 항아리까지 준비되었다.

뼈처럼 먹다 남은 음식 찌꺼기는 바닥에 그대로 버렸고 술을 단숨에 마시는 습관도 있었다. 이렇게 폭음을 하다 보니 술에 취해 널브러지거나 소변이 마려운 사람도 있었다. 오줌이 마려우면 놀랍게도 그 자리에서 노예가 들고 온 요강을 향해 방뇨했다고 한다.

연회에는 다양한 여흥이 곁들여졌다. 악사가 음악을 연주하고 아름다운 여성들이 춤을 추었으며 배우들은 촌극을 상연하고 시를 낭독했다.

매일 밤 열린 흥청망청 연회

부자들은 하루가 멀다 하고 수많은 손님들을 초대해 밤 늦게까지 먹고 마시며 즐겼다.

옆으로 누워서 먹기

3명이 긴 의자 하나에 누워 왼쪽 팔을 쿠션에 올려놓고 자유로운 오른손으로 음식을 집어 먹었다. 지금의 기준으로 보면 상당히 좋지 않지만, 당시에는 상식이었다.

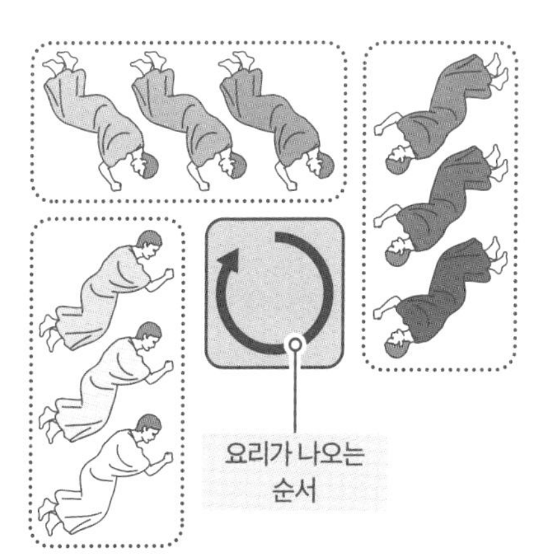

자리 배치

하나의 테이블을 둘러싸듯이 놓인 3개의 긴 의자는 상석, 중석, 하석으로 나뉘어 눕는 사람이 정해져 있었고, 요리가 제공되는 순서도 규칙이 있었다.

연회 ②

연주 등의 여흥으로 돋우는 흥

연회를 흥겹게 하는 것은 배우나 광대만이 아니다. 노예들도 다양한 장기로 분위기를 돋웠다.

여흥

노출이 많은 옷을 입은 여성이 춤을 추거나 배우가 연극을 하고 시를 읊는 등 갖가지 공연으로 연회 분위기가 달궈졌다.

노예의 연주

배우만이 아니라 노예도 곡예나 마술, 연주를 해서 손님들을 즐겁게 했다.

먹다 남은 찌꺼기는 바닥에 버렸다

다 먹은 고기의 뼈나 남은 음식 찌꺼기는 모두 바닥에 그냥 내버렸다. 흘리는 음식도 많았는데 모두 노예 소년이 청소했다.

술 단숨에 마시기

주연에서 자주 행했다. 주최자가 정한 규칙에 따라 참석자는 술을 한입에 들이켰다.

연회 ③

먹으면 토하고, 다시 먹기

고대 로마에서 '배부른 상태'는 존재하지 않았다. 배가 차면 토하고 먹기를 반복했다.

구토

배가 불러도 다시 먹기 위해 구토용 항아리에 먹은 음식을 토해냈다. 토하기 쉽도록 목구멍에 넣는 공작 깃털도 준비되었다.

방뇨

식사와 술자리가 무르익으면 요의도 찾아오기 마련이다. 손님들은 화장실에 가지 않고 노예가 들고 온 요강에 용변을 해결했다.

술취한 자

엄청난 양의 술을 벌컥벌컥 들이킨 덕에 대부분의 손님은 만찬이 끝날 무렵이면 만취해서 널브러졌다.

음식 가져가기

가족에게 선물로 남은 요리를 냅킨으로 포장해 가져가는 일을 아포포레타(apophoreta)라고 하며 극히 당연하게 인정되던 풍습이었다.

로마에서 인기 있는 메인 요리는 성게를 채운 돼지고기 요리였다

어느 시대? ▷	왕정기	공화정기	제정기

어느 계층? ▷	황제	부유층	자유인	노예

푸아그라의 뿌리는 로마 제국에 있다

훌륭한 건축물이 즐비하고 다양한 문화가 발달했던 로마, 성숙한 식문화도 로마가 자랑하는 것 중 하나다. 기원전 218년~기원전 201년에 일어난 제2차 포에니 전쟁 무렵부터 로마에서 많은 요리사가 활약했다.

당시 로마에는 유럽이나 오리엔트 각지에서 온갖 식재료가 모여들었다. 만찬에 등장하는 요리에는 그 식재료들이 풍성하게 쓰였다.

저녁 연회에는 현대의 풀코스처럼 요리가 나오는 순서가 정해져 있었다. 먼저 구스툼(전채)이 나온다. 채소 파티나(patina, 달걀 요리의 일종), 삶은 달걀, 올리브, 샐러드, 치즈, 빵 등이다.

구스툼이 2~3종류 나온 다음에는 멘사 프리마(mensa prima)다. 멘사 프리마는 '첫 번째 요리'라는 뜻으로 이른바 메인 요리다. 돼지고기나 사슴고기, 통닭구이, 해산물 스튜 등이다. 특이한 요리로 젖꼭지가 붙은 암퇘지 뱃살요리가 있다.

로마인들이 가장 많이 먹은 고기는 돼지고기다. 소를 넣은 고기요리도 많았는데 성게로 속을 채운 돼지고기 요리도 인기 있었다. 프랑스 요리에서 유명한 푸아그라도 그 근원은 로마 제국에 있다. 말린 무화과를 먹여 크게 만든 거위의 간이 푸아그라의 시초라고 전해진다.

마지막에 나오는 요리인 멘사 세쿤다(mensa secunda, 두 번째 요리)는 디저트다. 커스터드 푸딩, 꿀을 넣은 피라미드 케이크, 고산지대 눈으로 만든 셔벗, 신선한 과일 따위다.

달걀이나 채소 같은 전채 요리로 시작해 메인 요리를 먹고 과일이나 달콤한 디저트로 마무리한다. 만찬에서는 이러한 풍성한 코스 요리를 즐길 수 있었다.

아침과 점심은 간단하게, 저녁은 푸짐하게

고대 로마에서는 아침과 점심을 간단하게 먹고, 저녁만은 사치스러운 식사를 오랫동안 즐겼다.

전채

올리브를 가득 넣은 요리나 콩 샐러드, 치즈나 달걀, 빵이 식탁에 올랐다.

디저트

과일 외에 고산지대에서 가져온 눈으로 만든 셔벗과 치즈케이크 등이 있다.

메인 요리

지중해에서 잡은 생선이 메인 요리였다. 돼지나 송아지고기, 양고기 등 고기요리도 많이 먹었다.

로마의 음식문화 ②

아름답게 음식을 담아 눈으로도 즐기는 요리

로마인은 맛은 물론 눈에도 보기 좋게 식기를 고르고 음식을 배치했다.

호화로운 식기
연회에 나오는 요리는 번쩍거리고 호화로운 식기에 담겼다.

푸아그라
세계 3대 진미로 알려진 푸아그라는 이 무렵부터 진기한 미식으로 여겨져 사랑받았다.

돼지고기를 좋아했다
고대 로마인은 육류 중에서 돼지고기를 가장 많이 먹었다. 귀족이 먹는 돼지고기 요리 중에는 돼지의 젖꼭지가 붙은 뱃살 요리도 있었다.

가룸
가룸(garum)은 정어리나 고등어 같은 생선을 소금물에 며칠간 절여 여러 번 체에 걸러 정제한 것으로, 고대 로마에서 가장 많이 쓰인 조미료다.

로마의 음식문화 ③

포도주를 물에 타서 마시는 게 로마식

로마인들은 물에 엷게 탄 포도주를 마치 물처럼 마셨다.

포도주

그냥 마시기도 하고 빵 반죽에 섞는 등 다양하게 먹었다. 연회에서도 대량으로 소비되어 '크라테레(cratere)'라는 커다란 항아리에 든 포도주를 손님에게 따르는 전용 노예도 있었다.

고기 조리법

고대 로마에서는 고기 속에 소를 많이 넣었다. 성게를 넣거나 때로는 살아 있는 개똥지빠귀를 넣어 보는 사람을 놀라게 했다.

더러워진 손은 빵으로 닦는다

음식을 손으로 집어 먹었던 로마인은 더러워진 손을 빵으로 닦았다. 지저분해진 빵은 먹을 수 없으니 바닥에 버렸다.

설탕이 아닌 벌꿀

단것이라면 사족을 못 썼던 로마인은 벌꿀을 매우 좋아했다. 요리나 케이크 같은 디저트에 쓰이는 것은 물론 물숨(mulsum)이라는 꿀을 넣은 달콤한 포도주도 인기였다.

부자는 도둑을 막기 위해 창문 없는 집에서 살았다

어느 시대? ▷	왕정기	**공화정기**	**제정기**

어느 계층? ▷	황제	**부유층**	**자유인**	노예

집안에 바람이 잘 통하는 공간이 있었다

연회를 열 정도로 유복한 신분의 사람들은 도무스(domus)라고 불리는 저택에 살았다. 도무스는 중정이 딸린 호화스러운 단독주택을 말한다.

당시 수도 로마의 인구는 100만 명이 넘어 인구 밀도가 아주 높았다. 따라서 넓은 부지의 단독주택 도무스에 살 수 있는 사람은 극히 일부의 부자들밖에 없었다.

도무스의 특징 중 하나는 바깥으로 난 창이 거의 없다는 것이다. 방범 때문이다. 창이 없는 대신 빛과 바깥 공기를 들이기 위한 공간을 건물 안에 만들었다. 바로 휜히 트인 안뜰 아트리움(atrium)과 중정 페리스틸리움(peristylium)이다.

창이 없어서 도무스 안은 낮에도 어두컴컴했다. 대신 아트리움의 위쪽에 달린 커다란 천창에서 햇빛이 쏟아졌다. 아트리움은 거실 및 손님을 맞이하는 응접실로 쓰였다. 집의 얼굴 같은 장소로 집주인은 아트리움을 벽화나 조각상, 보석으로 화려하게 장식했다.

페리스틸리움은 그리스 풍의 열주로 둘러싸인 중정이다. 개방적인 공간으로 더운 날에도 시원하도록 분수와 수로가 있었다. 페리스틸리움 근처에는 트리클리니움(triclinium)이 있다. 트리클리니움은 연회를 열기 위한 큰 식당으로, 손님들이 누울 수 있는 긴 의자가 놓여 있다. 평소에 연회는 트리클리니움에서 열렸지만 더운 여름에는 시원한 저녁 바람을 쐴 수 있는 페리스틸리움에서 연회를 열기도 했다.

도무스에는 그 집에 고용된 노예들도 같이 살았는데, 노예들의 방은 따로 없었다. 노예들은 밤에 좁은 방이나 복도, 부엌 한 구석에서 잠을 잤다.

부자들의 집

방범을 위해 거의 없는 창

넓은 부지의 단독주택에 살 수 있는 사람은 극히 일부의 부유층뿐이었다. 단독주택에는 방범을 위해 창이 거의 설치되지 않았다.

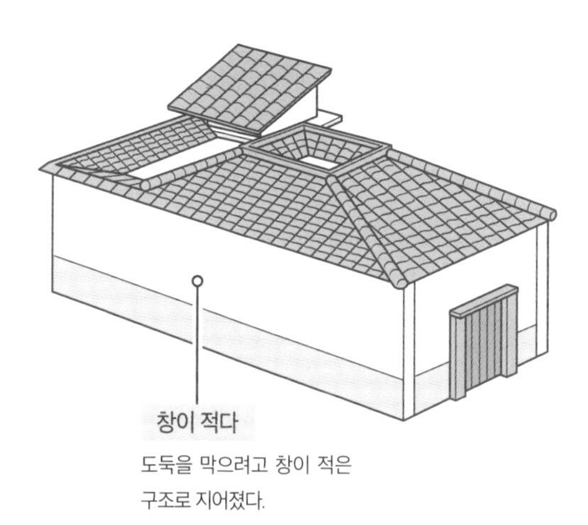

창이 적다

도둑을 막으려고 창이 적은 구조로 지어졌다.

도무스

인구과밀 도시였던 고대 로마에서 넓은 땅에 집을 지을 수 있는 사람은 일부의 부유층뿐이었다. 호화로운 실내장식은 집주인의 재력을 나타내는 지표였다.

임플루비움

임플루비움(impluvium)은 경사진 지붕에서 흘러내려온 빗물을 예비용 물로 저장하는 곳이었다.

아트리움

훤하게 트인 현관식 거실로, 빛이 들어올 수 있게 설계되었다. 바닥 중앙에 설치된 저수조에 빗물을 모아놓았다.

부자의 취미는 별장과 온천 나들이였다

어느 시대? ▷	왕정기	공화정기	제정기

어느 계층? ▷	황제	부유층	자유인	노예

포도와 올리브를 재배하여 가공했다

로마 제국의 부자들은 도무스뿐 아니라 '빌라(villa)'라는 별장을 소유했다. 경치가 좋은 나폴리만 부근은 휴양지로 인기가 많아 빌라도 많이 건설되었다. 나폴리만 근처에는 베수비오 화산이 있다. 79년의 대분화로 도시 폼페이가 멸망한 무서운 화산인데, 근처는 화산지대여서 온천이 있고 온천 거리도 만들어졌다. 이 온천 주변으로 빌라들이 들어섰다.

로마 근교에 지어지는 빌라도 있었다. 그곳은 로마에서 바쁘게 일하는 사람들이 도시에서의 피로를 풀기에 좋은 장소가 되었다. 여기까지 소개한 빌라는 별장의 역할을 했던 빌라다.

한편 영지 경영을 목적으로 한 빌라도 많았다. 이러한 빌라는 이른바 농장이 딸린 별장으로, 농장을 운영해서 수익을 얻었다. 빌라는 거주지가 아닌 별장이어서 소유자는 그곳에 짧게 머물렀다. 그래서 빌라 농장의 운영은 입주하여 일하는 관리인이 했고, 수많은 노예들이 농작물을 재배했다. 이를 라티푼디움(latifundium, 노예제 대토지 경영)이라고 한다.

농장에서는 포도나 올리브를 주로 재배했고 빌라에 포도주와 올리브유를 만드는 시설도 있었다고 한다. 포도를 수확하면 포도주를 만들고 올리브를 수확하면 올리브유를 만들었다.

로마인의 주식인 밀을 재배하기도 했지만, 주로 이탈리아보다 토지가 비옥한 속주에서 밀을 싸게 수입해왔다. 빌라의 농장에서는 부를 창출하는 포도와 올리브가 더 중요했다.

주인은 주로 여름에 빌라를 방문했다. 방문 시 별장에서 휴식도 취하고 농장이 문제없이 운영되고 있는지 확인했다.

별장

전원 생활을 만끽하는 부유층

대부분의 부유층은 별장을 가지고 있었다. 자연에 둘러싸여 지내는 시간은 도시 사람에게 힐링 그 자체였다.

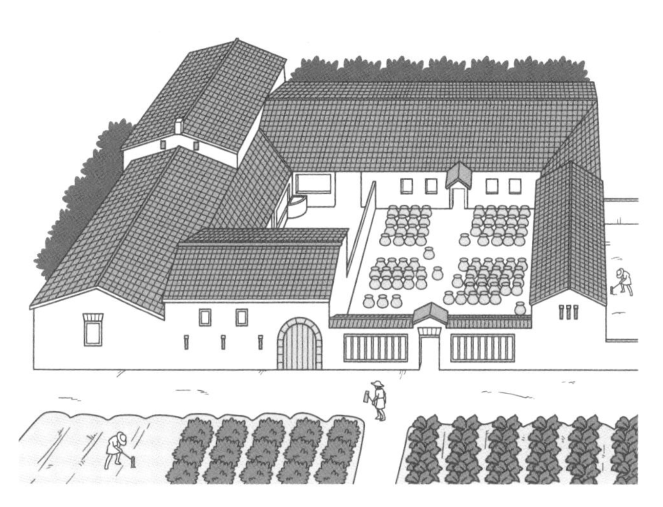

빌라

빌라는 부자들이 도시 생활에서 벗어나기 위해 지은 별장이다. 신뢰하는 노예가 농장을 관리하기도 했다. 여기서 생산된 농작물은 주인의 부를 더욱 늘려주었다.

멋진 풍경

아름다운 바다와 위엄에 찬 화산이 보이는 나폴리만 주변은 온천으로도 유명해 부유층과 역대 황제들에게 사랑받았다.

미용실에서 제모까지, 로마인은 미를 추구하는 것도 철저했다

어느 시대? ▷	왕정기	공화정기	제정기

어느 계층? ▷	황제	부유층	자유인	노예

여성뿐 아니라 남성도 제모를 했다

고대 로마는 미용술과 화장법이 발달했다. 이러한 미용 기술은 연회에서 늦은 밤까지 이어진 폭음과 폭식으로 피부가 푸석해진 부유층들에게 환영받았다. 피부를 아름답게 보이기 위한 백분 외에 눈썹 먹, 아이라이너, 입술연지 등의 화장품이 있었다.

화장을 하는 화장품만이 아니라 화장을 지우는 클렌징 용품도 개발되었다. 바로 로마 제국을 대표하는 의학자인 갈레누스가 개발한 콜드크림의 원형이다.

현대의 화장품인 콜라겐 팩 원형도 고대 로마에서 확인할 수 있다. 박물학자 플리니우스가 저서 『박물지』에서 소개한, 송아지 다리뼈를 40일간 우려낸 즙으로 피부에 하는 팩이 바로 그것이다.

귀부인들은 팩, 마사지, 전신관리 등 여러 미용시술을 받았다. 그중에서도 네로 황제의 황후인 포파이아는 미용에 심혈을 기울였다고 한다. 포파이아는 피부를 위해 당나귀 젖으로 세안과 목욕을 했다. 외출해서도 당나귀 젖을 바로 쓸 수 있도록 항상 여러 마리의 당나귀를 데리고 다닐 정도였다.

고대 로마의 미용술 중에는 제모 관련도 있다. 가슴털, 겨드랑이털, 다리털 등을 매끄럽게 깎아야 단정하다고 여겨졌다. 로마의 도시생활에서 빠질 수 없는 공중목욕탕에는 털을 깎아주는 제모사라는 장인도 있었다. 여성뿐만이 아니라 남성도 제모를 했는데, 공중목욕탕은 제모사에게 면도를 맡기는 사람들로 붐볐다. 로마 제국의 초대 황제 아우구스투스도 제모를 했다. 구워서 뜨거워진 호두 껍질을 정강이에 세게 문질러 제모했다고 전해진다.

미용

노예를 이용해 미를 가꾸는 상류계급 귀부인

상류계급 여성은 노예에게 몸치장을 시켜 자신을 꾸몄다. 아침 몸치장을 위해 100명의 노예를 쓴 사람도 있었다.

전신미용

연회에서의 폭음, 폭식이나 밤샌 후의 피부 트러블을 개선하기 위해 부유층 여성들은 노예에게 마사지나 화장을 시키며 미용에 남다르게 집착했다.

콜라겐 팩

흰 피부를 미인의 조건으로 여긴 고대 로마에서 사용된 백분에는 피부를 검게 만드는 납이 들어 있었다. 이러한 문제를 해결하기 위해 현대의 콜라겐 팩과 비슷한 화장품도 있었다.

화장 지우기

짙은 화장 지우기는 매우 번거로웠다. 이를 위해 갈레누스가 개발한 화장품이 현대 콜드크림의 원형이다.

제모

남녀 모두 털이 없는 매끄러운 피부를 깔끔하다고 여겼다. 보통 공공시설에 있는 제모사에게 제모를 맡겼는데, 호두 껍질을 세게 문질러 털을 떼어내는 사람도 있었다.

고대 로마의 공중목욕탕은 온천 테마파크보다 재미있었다

어느 시대? ▷	왕정기	공화정기	제정기

어느 계층? ▷	황제	부유층	자유인	노예

상류계급 사람들도 공중목욕탕을 즐겼다

고대 로마에는 테르마에(thermae)와 발네아(balnea)라는 공중목욕탕이 있었다. 목욕탕 중에서도 대형인 곳을 테르마에, 간소한 소규모의 목욕탕을 발네아라 불러 구별했다.

당시 로마의 일부 상류계급을 제외하고는 집에 욕실이 없었다. 그래서 공중목욕탕에서 몸을 씻는 일이 당연했다.

그런데 로마의 공중목욕탕은 단순히 목욕만 하는 곳이 아니라 일종의 거대한 사교장이라고 할 수 있었다. 오락시설도 많았고 업무 상담도 이뤄졌다. 저택에 욕조가 있는 황제나 귀족조차 이러한 이유로 목욕탕을 자주 방문했다.

공중목욕탕을 이용하려면 먼저 입구에서 요금을 지불한다. 입장료에 대한 자세한 사료는 남아 있지 않지만, 수도 로마의 목욕탕 입장료는 성인은 4분의 1아스(약 250원 정도), 아이들은 무료였다. 목욕탕은 무료로 개방되는 날도 있어서 시민은 마음 편히 즐길 수 있었다.

처음에는 남녀 혼욕이 기본이었지만 미풍양속에 따라 점차 탈의실과 욕실이 남녀 따로따로 나누어졌다. 어떤 목욕탕은 남녀의 입장 시간이 다른 곳도 있었다.

목욕탕에 입장하면 먼저 미지근한 미온탕에서 몸을 따뜻하게 덥힌 다음, 온탕으로 이동해 좀 더 뜨거운 물에 몸을 담근다. 뜨거워진 몸은 냉탕에서 식혔다.

몸을 씻는 일이 목욕탕에 가는 본래 목적이지만 당시는 비누를 사용하지 않았다. 온탕에서 땀을 흘린 후 고운 모래가 섞인 향유를 몸에 바르고 스트리길리스(strigilis)라는 문지르는 도구로 피부의 더러움을 제거했다.

이러한 입욕시설뿐 아니라 공중목욕탕에는 수영장, 체육시설, 도서관, 극장도 있었다. 현대의 온천 테마파크 이상으로 충실한 종합 오락시설이라고 할 수 있다.

목욕 ①

운동장과 극장도 있었던 목욕탕

시민의 휴식 장소인 테르마에에는 목욕탕 외에 도서관, 운동장 등 다양한 오락시설이 함께 있었다.

수영장

부모들이 여유롭게 탕 안에서 목욕을 즐길 동안 많은 아이들이 물속에서 놀며 시간을 보냈다.

온탕

탕이 있는 방은 증기로 가득하고 바닥 아래에서 난방을 해서 탕 안의 물뿐만 아니라 바닥도 맨발로 걸을 수 없을 만큼 뜨거웠다. 탕에 들어가지 않고 벤치에 누워 땀을 내는 사람도 있었다.

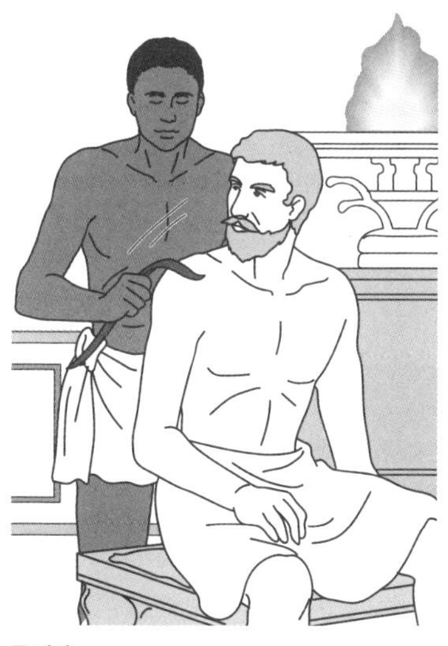

몸 씻기

스트리길리스라는 꺾어진 봉을 사용해 노예가 주인의 몸을 깨끗이 씻어주는 광경은 일상적이었다.

냉탕

몸을 식히기 위한 욕탕으로, 차가운 물속에 들어가 뜨거워진 몸을 식혔다.

공중목욕탕은 시내에 867개나 있었다

대형 목욕탕은 한 번에 1,000명이나 되는 손님이 입장할 수 있었다. 신분에 상관없이 수많은 인파가 끊임없이 이어져 소음 문제도 심했다고 한다.

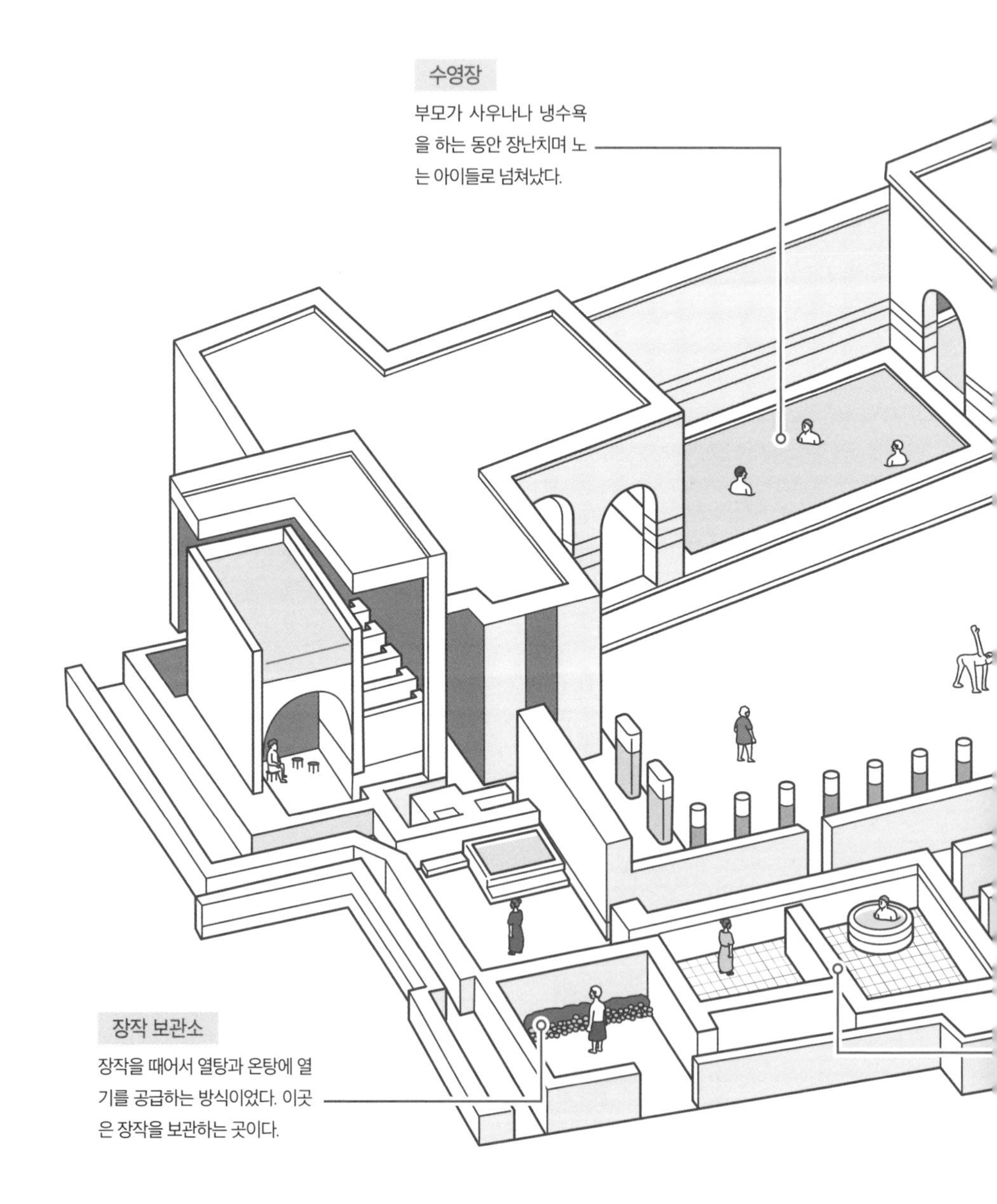

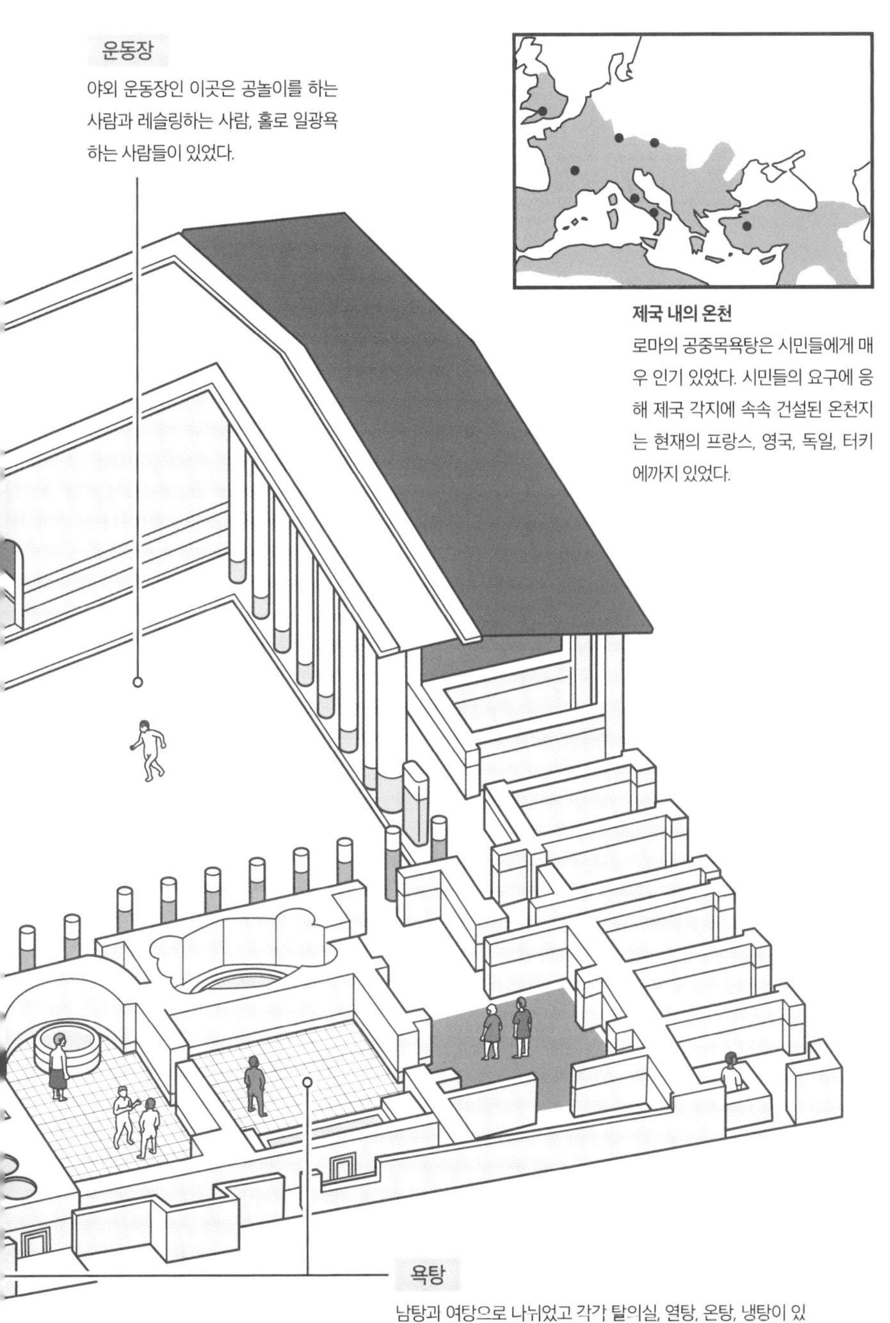

운동장

야외 운동장인 이곳은 공놀이를 하는 사람과 레슬링하는 사람, 홀로 일광욕 하는 사람들이 있었다.

제국 내의 온천

로마의 공중목욕탕은 시민들에게 매우 인기 있었다. 시민들의 요구에 응해 제국 각지에 속속 건설된 온천지는 현재의 프랑스, 영국, 독일, 터키에까지 있었다.

욕탕

남탕과 여탕으로 나뉘었고 각각 탈의실, 열탕, 온탕, 냉탕이 있었다. 신분이 제각각인 사람들로 북적였던 욕탕 안은 웃음소리와 떠드는 소리로 항상 왁자지껄했다.

고대 로마에서 인기 스포츠는 말이 끄는 전차 경주였다

어느 시대? ▷ 왕정기 공화정기 제정기

어느 계층? ▷ 황제 부유층 자유인 노예

전차 경주는 늘 사고가 많았다

고대 로마의 최고 인기 스포츠는 전차 경주였다. 이름대로 전차를 타고 달리는 경주다.

당시의 전차는 전투용 마차를 가리킨다. 전차 경주는 여러 마리의 말이 끄는 이륜차로 속도를 서로 겨루는 경기다. 말 2마리가 끄는 전차, 혹은 3마리가 끄는 차도 있었는데, 가장 인기가 많은 차는 4마리가 끄는 사두 전차다.

말은 2세 때부터 경쟁을 위한 훈련을 받고 5세가 되면 경주에 참가했다. 출전하는 말은 최고급 마구간에서 매우 소중하게 다뤄졌다.

출발 신호인 나팔 소리가 울리면 문이 열리며 전차가 달려 나가기 시작한다. 경주에는 12대의 전차가 참가한다. 전차는 각각 빨강, 하양, 초록, 파랑의 4팀으로 나뉘었고 기수는 자신의 팀과 같은 색의 옷을 입었다. 관람객은 좋아하는 팀 색깔과 같은 손수건을 흔들어 기수를 응원했다.

경주는 트랙을 모두 7바퀴 달린다. 한바퀴를 돌 때마다 장내에 놓인 커다란 가짜 달걀의 껍질이 벗겨지고 돌고래 모형의 위아래가 뒤집혀, 관객은 한눈에 몇 바퀴째인지 알 수 있다.

경기가 열리는 대경기장(키르쿠스 막시무스, Circus Maximus)에는 무려 15만 명이나 되는 관람객이 모였다. 로마 주민의 약 4분의 1이 모였다고 할 수 있을 만큼 인기였다. 돈내기는 법으로 금지되었지만, 누가 이길지 내기하는 사람들은 늘 있었다.

관람석은 극장이나 투기장과 달리 신분이나 성별로 나뉘지 않았고, 다양한 사람들이 한데 모여 관전할 수 있었다. 황제 전용석도 있어 황제도 레이스를 즐겼다.

전차를 모는 기수는 노예 혹은 해방노예였다. 전차 경주에서 활약한 기수 중에는 큰돈을 모아 부자가 되는 이도 있었다. 그러나 무척 위험한 경기라서 경기 중 사고로 사망하는 기수도 많았다.

전차 경주

죽음의 위험을 동반한 로마 최고의 인기 스포츠

개최되는 날에는 경주를 구경하려고 로마 시민의 4분의 1이 경기장에 꽉 들어찰 정도였다.

전차 경주

노예나 해방노예가 전차에 타서 말을 달려 속도를 겨루는 경기다. 4개 팀으로 나뉘어 트랙 7바퀴를 달렸다. 위험한 경기여서 사망하는 자도 속출했다.

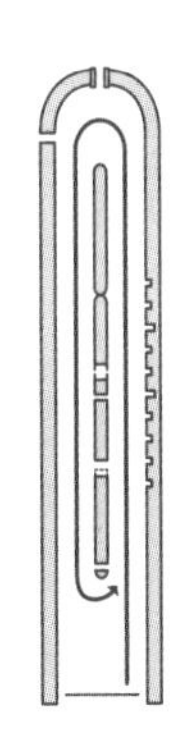

대경기장 평면도

트랙에는 주행 바퀴 수를 세는 달걀 모양 장식이 7개 설치되었다. 1바퀴 돌 때마다 하나씩 껍질이 벗겨져서 몇 바퀴 돌았는지 금방 알 수 있었다.

돈내기

어느 팀이 이길지 경주 결과 내기를 하며 관전하는 관람객도 있었다.

공짜 연극은 정치 풍자나 저속한 소재가 유행이었다

어느 시대? ▷	왕정기	**공화정기**	**제정기**

어느 계층? ▷	황제	**부유층**	**자유인**	노예

그리스에서 전해진 희극이 발달했다

고대 로마 문화는 여러 면에서 그리스의 영향을 받았다. 연극도 그리스에서 전해졌는데, 로마에서도 연극이 활발하게 상연되어 상설 극장이 각지에 지어졌다.

로마의 연극은 그리스에서 전해졌지만, 원형 무대였던 그리스와 달리 로마의 무대는 반원형이었다. 또 그리스에서 전해진 상연 목록은 주로 비극이었지만, 희극이나 미무스극(mimus, 몸짓이나 흉내를 주로 하는 연극) 등 로마에서 독자적으로 발전한 연극도 있었다.

희극이나 미무스극은 재미있고 즐거운 내용이어서 관객들은 비극보다 훨씬 좋아했다. 미무스극 중에는 나라에서 상연을 금지한 공연도 있었다. 극의 내용에 정치풍자가 들어갔거나 상스러운 내용일 때 그러했다. 미무스극에 출연한 배우가 추방당하는 일도 드물지 않았다.

극장은 저속한 장소로 여겨졌지만, 바꾸어 말하면 그만큼 서민에게 인기가 많았다는 말도 된다. 배우는 대부분 해방노예나 외국인이었다. 현대의 배우와는 달리 고대 로마에서는 배우의 사회적 지위가 낮았다. 지위는 낮았지만 배우들의 수입은 고액이어서, 1회 공연으로 얻는 수입은 병사의 반년분 급료와 비슷했다고 한다. 일류 배우는 고위직 관료가 1년에 버는 돈과 비슷한 금액을 벌었다.

연극 공연에 필요한 비용은 나라나 부유층이 부담했으므로, 시민은 무료로 연극 구경을 할 수 있었다. 그 대신 관객석은 신분에 따라 구분되었다. 가장 앞줄에 앉을 수 있는 사람은 원로원 의원, 14번째 줄까지 앉는 사람은 기사 계급(에퀴테스)이라 불리는 신흥 부유층이었다. 또 공연의 스폰서는 무대 옆 박스석에 앉았다. 하지만 규정을 무시하고 무대 가까이 앉는 서민도 많았다.

연극

시민이 열광하는 대중오락

공연 비용은 나라나 부유층이 부담했기 때문에 시민은 무료로 관람할 수 있었다.

미무스극 외의 배우는 원칙적으로 남성

남성뿐인 무대에서 남녀를 구별하기 위해 눈과 입가에 구멍이 뚫린 가면을 쓰고 무대에 섰다.

신분은 낮아도 보수는 높았다

추종하는 팬이 생기는 등 큰 인기를 누린 배우는 보수가 공무직과 같을 정도로 높았다. 그러나 사회적 지위는 낮아서 대부분 해방노예나 외국인이었다.

희극에 열광하는 시민들

연극 중에서도 희극이나 일상생활을 소재로 한 미무스극이 인기였다. 어떤 내용이냐에 따라 나라에서 금지령이 내려지기도 했지만, 관객들이 좋아해서 공연장에서 웃음소리가 끊이지 않았다.

신분에 따른 좌석 지정

관객석은 신분에 따라 앉을 수 있는 위치가 정해져 있었다. 그러나 규칙을 지키지 않고 맨 앞줄에 앉는 부유한 해방노예도 있었다.

콜롬세움에서는 한쪽이 죽을 때까지 싸우는 장렬한 전투가 벌어졌다

어느 시대? ▷	왕정기	**공화정기**	**제정기**

어느 계층? ▷	황제	**부유층**	**자유인**	노예

맹수와 싸우거나 모의해전을 벌이거나

영화나 책에 많이 등장하는 로마의 검투사는 스스로 지원해서 검투사가 되는 자도 있었지만 검투사의 8할 정도는 전쟁에서 잡혀온 포로나 범죄자, 노예였다. 또 지금까지 여성 검투사는 거의 없다고 여겨졌다. 그러나 세베루스 황제가 여성끼리의 시합을 금지했다는 기록과 여성 검투사라고 추정되는 청동상이 발견되어 여성 검투사가 존재했다는 설이 힘을 얻고 있다.

검투사들은 일 대 일로 맞붙어 싸웠는데, 어느 한쪽이 죽든지 포기할 때까지 싸움이 끝나지 않았다. 포기한 검투사는 용맹함이 관중에게 인정될 때는 목숨을 구할 수 있었지만 많은 경우 패배자로서 죽임을 당했다.

장비에 따라 검투사는 몇 가지 타입으로 분류할 수 있다. 콜로세움(원형경기장)에서는 서로 다른 타입의 검투사끼리 승부를 가른다. 검투사에는 굽은 검을 소지한 트라키아 검투사, 물고기 모양 투구를 쓴 어인(魚人) 검투사, 투망과 삼지창을 가진 투망 검투사, 풀페이스 투구를 쓴 추격 검투사 등이 있다.

검투사 시합은 시민을 위한 오락이었지만 구경거리는 검투사들의 싸움만이 아니었다. 검투사는 맹수와도 싸웠다. 이때 검투사의 무기는 방패도 없이 투창 하나뿐이었다.

검투사의 결투 외에 대규모 전투가 재현될 때도 있었다. 콜로세움 안에 물을 채우고 죄인들을 태운 군함을 띄워 군함끼리 전투를 벌였다. 이러한 모의해전은 콜로세움뿐 아니라 호수나 강에서도 개최했다.

전투에서 이긴 검투사는 포상금을 받았다. 상금으로 자신을 매입해서 노예 신분에서 해방된 검투사도 있었다.

검투사

생명이 걸린 사투에 열광하는 로마 시민

고대 로마의 최대 오락은 검투사끼리 서로 죽이는 싸움이었다. 생사를 건 싸움을 보며 많은 시민이 열광했다.

검투사

무장하고 무기를 든 두 검투사가 생명을 걸고 싸우는 모습은 많은 사람들의 이목을 끌었다. 이러한 결투에 참가하는 사람은 대부분 죄인이나 노예였다.

승패

어느 한쪽이 쓰러질 때까지 승부는 계속되었다. 패자에게는 죽음이 기다리고 있었지만 연속해서 싸움에 나가는 경우도 있었다.

구조 요청과 구명

패자의 생사는 관객에게 맡겨져 관중이 엄지손가락을 세우면 그에게 자비를 베푼다는 뜻이다. 엄지손가락을 내렸다면 죽임을 당했다.

맹수 사냥

흥분한 맹수에게 창 하나로 덤벼든다

검투장에서는 맹수와 검투사가 싸우기도 했다. 과격해진 맹수의 포효에 관객들은 숨을 죽였다.

맹수
각지에서 포획된 사자나 곰, 악어 같은 맹수들은 훈련사에게 사람을 죽이기 위한 살육 병기로 개조되었다.

맹수 사냥
무장한 맹수 투사와 흥분한 맹수가 뛰쳐나와 싸우는 모습은 검투사끼리의 싸움처럼 관객이 열광한 공연 중 하나였다.

무기는 창 하나
흉폭하고 강력한 발톱과 이빨, 날렵한 속도를 겸비한 맹수에게 검투사는 창 하나만으로 맞서야 했다.

죽을 때까지 계속된다
싸움은 한쪽이 죽을 때까지 이어졌다. 일 대 일 싸움이면 맹수에게 이기는 검투사도 있었지만, 수많은 사람이 잡아먹혔다.

처형

콜로세움은 사형수의 처형장

고대 로마에는 잔인한 처형방법이 수없이 존재했다. 로마 시민은 죄수끼리의 사투를 오락으로 즐겼다.

공개처형

경기장 안을 필사적으로 도망쳐 다니는 죄수에게 덤벼드는 맹수의 모습을 관객들은 냉혹한 시선으로 내려다보았다.

불덩어리

산 채로 불 속에 던져진 죄인이 숨이 끊어질 때까지 몸부림치게 하는 처형도 있었다.

죽을 때까지 싸운다

처형이 정해진 죄수끼리 죽을 때까지 싸우게 하는 처형방법도 있었다.

그리스도교 박해

초기에는 그리스도교도 박해도 공개적으로 했다. 기둥에 동여매져 몸을 꼼짝도 할 수 없게 된 그리스도교도들은 맹수의 먹이로 던져졌다.

로마 시민에게 최고의 유흥은 바로 재판이었다

어느 시대? ▷ 왕정기 | 공화정기 | 제정기

어느 계층? ▷ 황제 | 부유층 | 자유인 | 노예

변호사는 드라마틱한 연설로 방청인을 매혹했다

재판의 성행도 고대 로마의 특징 중 하나다. 그들은 아주 사소한 일로도 자주 재판을 열었다. 당시의 재판에는 판사뿐 아니라 원고측과 피고측 양쪽에 변호사가 있고 배심원, 진행 역의 법무관도 있었다.

아에밀리우스의 바실리카라는 건물에서 열린 재판은 일반인에게 공개되어 방청인이 재판 과정을 지켜보았다. 법정이 만원이 될 정도로 많은 사람이 아에밀리우스 바실리카를 방문했다. 재판은 일종의 유흥으로 사람들은 마치 재미있는 공연이라도 보듯 재판에 빠져들었다.

고대 로마의 변호사들은 변론술을 배웠다. 변론술은 청자를 끌어당기는 화술을 말한다. 변호사는 화려한 말솜씨로 판결을 자신이 원하는 방향으로 교묘히 이끌었다. 방청인들은 그런 드라마틱한 화술을 재미있어 했다.

방청인은 재판에서 결코 무시할 수 없는 존재였다. 당시의 재판은 방청인 반응으로 판결이 좌지우지되기도 했다. 용의자의 무죄를 호소하는 변호사의 연설에 방청인이 감동하여 박수갈채를 보내면, 분위기에 휩쓸려 판결이 용의자에게 유리하게 나오는 재판도 드물지 않았다. 그래서 바람잡이 박수꾼을 방청인 속에 숨겨두는 변호사까지 있었다.

당시의 재판은 법률에 근거한 공정한 것이라고 할 수 없었다. 용의자의 신분이 낮으면 사형당할 만한 죄라도, 신분이 높은 사람이 용의자면 추방이나 재산 몰수 정도의 처벌로 끝내는 경우도 있었다. 고대 로마에서 중죄에 대한 처벌은 대중들의 구경거리였다. 콜로세움에서 수많은 사람들이 지켜보는 와중에 중죄인은 사자나 곰에게 잔인하게 살해되었다.

이러한 문제가 있었지만, 로마법이라 불린 고대 로마의 법 체계는 후일 유럽 여러 나라의 제도에 많은 영향을 미쳤다.

재판

방청인 중에 숨어 있는 바람잡이

연극조로 연설하는 변호사의 웅변술에 많은 사람들이 홀리듯이 빠져들었다. 앞줄에 자신이 고용한 바람잡이를 심어놓는 변호사도 있었다.

변론술과 연기력

변호사에게는 능수능란한 변론술로 재판관과 방청인의 마음을 선동하는 연기력이 요구되었다. 설득력 있는 논리와 말하는 사이사이의 과장된 몸짓 등은 모두 미리 계산된 것이었다.

불평등

판결을 좌우한 것은 법이 아닌 신분이었다. 신분이 낮은 자라면 사형이 내려질 법한 죄도, 신분이 높은 자가 같은 죄를 저질렀다면 가벼워졌다.

판결을 좌우하는 방청인

듣는 사람의 마음을 움직이는 훌륭한 연설에는 많은 민중이 귀를 기울였다. 반면에 시시껄렁한 이야기를 하면 방청인은 그 자리에서 떠났다. 이러한 방청인의 반응을 보고 판결이 내려지는 일도 많았다.

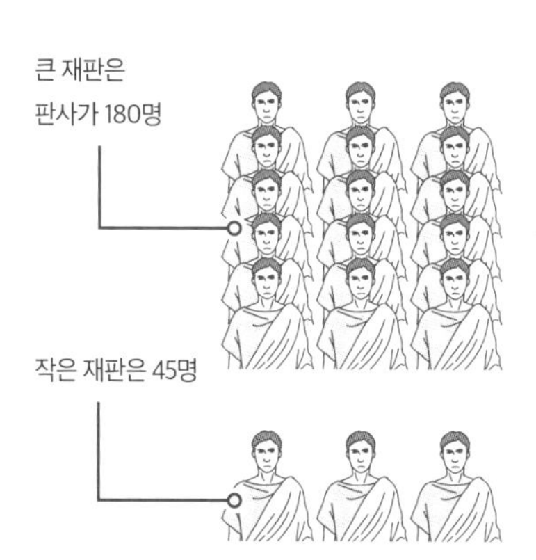

재판 규모로 판사의 수가 결정된다

매일같이 이런저런 사연으로 열렸던 고대 로마에서 큰 규모의 재판 판사는 180명이었다. 간단한 재판은 45명으로 구성되었고, 개최되는 장소도 서로 달랐다.

로마에서 노름판은 식당이나 목욕탕에서도 벌어졌다

어느 시대? ▷	왕정기	공화정기	제정기

어느 계층? ▷	황제	부유층	자유인	노예

역대 황제들도 주사위 도박에 빠졌다

법률로 엄연히 금지되었음에도 불구하고 고대 로마 사람들은 도박을 즐겼다. 앞에서 소개한 전차 경주나 검투사 전투도 모두 도박의 대상이었다.

경기가 열리는 날에는 회장 밖에 노름판 주인이 나타나 내기는 공공연하게 행해졌다. 전차 경주는 경주 수도 많아서 큰돈이 움직였던 것 같다. 또 전차 경주는 사고가 많아 현대의 경마나 경륜 이상으로 예상 외의 결과가 많았다고 한다. 초반 경주에서 이겨 분위기에 휩쓸린 나머지 거액을 걸고 재산을 탕진하는 사람도 있었다.

경주나 싸움 이상으로 사랑받았던 것이 주사위 도박이다. 여러 개의 6면체 주사위를 단지에 넣어 굴려 나온 눈으로 겨뤘다. 주사위 외에 뼈로 만든 공기를 사용한 도박도 있었다.

주사위 도박은 쉽게 할 수 있어 많은 사람들이 좋아했다. 칼리굴라나 네로 같은 황제들도 주사위 도박에 열광했다는 기록이 남아 있다. 초대 황제 아우구스투스도 도박을 좋아해, 주사위 도박을 하다 하루 만에 고급관료 연봉에 해당하는 큰돈을 잃었다고 한다.

주사위 도박이 열렸던 장소는 여관, 식당, 공중목욕탕 등이었다. 이곳들에는 노름 전용 뒷방이 마련되어 있었다. 식당을 방문하는 손님은 요리나 술이 목적이었지만, 가게 안에 벌어진 도박판에 참여하거나 노래와 춤 공연을 구경하는 등 색다른 즐길 거리가 많았다. 여성 급사가 손님의 요구에 응해 종업원에서 창부로 급변하여 성매매를 하는 일도 일상적으로 볼 수 있는 광경이었다.

서민의 즐길 거리

술, 여자, 노름을 찾아

식당, 여관, 공중목욕탕에는 좁고 답답한 집을 뛰쳐나온 남자들이 많이 모였다.

식당

싼 포도주와 간단한 음식을 카운터에 서서 먹는 간이식당에는 노래나 춤 공연을 하는 곳도 많았다.

술

남자뿐인 식당에서는 포도주를 얼큰하게 마신 남자들이 술에 취해 외설적인 농담을 주고받았다.

도박

법률로 금지되었는데도 많은 사람들이 큰돈을 걸고 즐겼다. 특히 인기였던 주사위 도박은 황제까지 빠져들었다.

여자

여성 급사나 무용수가 손님의 요구에 응해 창부로 변신하는 일은 일상다반사였다. 남녀가 함께 밤을 보내기 위한 '뒷방'이 준비된 가게도 많았다.

고대부터 이집트 피라미드는 최고의 관광지였다

어느 시대? ▷ 왕정기 | 공화정기 | 제정기

어느 계층? ▷ 황제 | 부유층 | 자유인 | 노예

로마인은 그리스, 이집트 여행을 즐겼다

로마가 지중해에 제국을 건설하자 주민들은 제국 영토 안을 안전하게 이동할 수 있게 되었다. 그러자 외국 여행을 즐기는 사람들이 생겨났다.

로마인에게 많은 인기를 모았던 관광지는 그리스와 이집트였다. 당시의 그리스는 로마의 속주로 그리스 문화는 로마에 커다란 영향을 미쳤다. 관광객들은 그리스를 방문해 역사를 느껴보고자 했다.

그리스에서는 특히 신화와 관련 있는 장소가 인기였다. 사람들은 파르테논 신전이 세워진 고대 아테네의 상징 아크로폴리스 언덕과 트로이 전쟁의 원인이기도 한 미녀 헬레네의 묘 등을 방문했다.

이집트를 여행할 때 로마인들은 그리스, 로마와는 다른 이국적인 문화에 탄복했다. 현대에도 인기 있는 피라미드는 당시에도 최고의 관광지로 정상까지 오르는 사람도 있었다.

그 외에 사람들이 좋아했던 여행지는 알렉산더 대왕의 묘나 알렉산드리아 도서관이었다. 알렉산더 대왕은 기원전 4세기 마케도니아(그리스 북방의 국가)의 왕으로 페르시아와 이집트, 인도 부근까지 정복해 대제국을 이룬 인물이다. 알렉산드리아 도서관은 후일 프톨레마이오스조 이집트 왕국의 수도가 되는 알렉산드리아에 있으며, 고대 도서관으로는 최대 규모를 자랑한다. 이집트는 나일강의 악어도 유명한데, 훈련된 악어의 곡예도 공연되었다고 한다.

당시 사람들도 지금과 마찬가지로 여행 가이드북을 손에 들고 다녔다. 평판이 좋았던 책은 지리학자 파우사니아스가 스스로 여행한 여정을 쓴 『그리스 안내』였다. 또 신전의 신관에게 돈을 내면 그가 안내해주기도 했다.

여행

신들이 있는 성지 순례

다신교를 믿었던 고대 로마에서는 숭배하는 신들의 일화가 남겨진 도시가 인기였다.

그리스

그리스 신화의 영웅과 여신과 관련된 여행지로 많은 부유층이 방문했다. 위대한 역사를 짚어보며 유적지를 돌아보았다.

이집트

이집트는 로마인에게 이국적 분위기를 선사하는 꿈의 나라였다. 피라미드 꼭대기에 올라가는 사람도 있었다.

가이드

여행지 정보는 여행가가 쓴 책에서 얻었지만, 현지 신전의 신관이 돈을 받고 관광객을 안내하기도 했다.

토산품

여행지에서만 구입할 수 있는 물건으로 토산품이 있다. 인기 있는 토산품은 벌꿀, 유리 식기, 파피루스와 호리병에 담긴 나일강의 물이었다.

황제의 밤 상대를 하는 고급 창부가 있었다

어느 시대? ▷ 왕정기 | 공화정기 | 제정기

어느 계층? ▷ 황제 | 부유층 | 자유인 | 노예

황제의 총애를 받았던 고급 창부와 창부로 일했던 황비

'매춘은 세계에서 가장 오래된 장사'라는 말이 있듯, 있는데 고대 로마에서도 어김없이 매춘업이 발전했다. 로마에서 창부가 되는 여성은 적지 않았다. 자연재해나 전염병으로 남편이나 부모를 잃고 창부로 일할 수밖에 없었던 여성이 많았을 뿐 아니라, 돈벌이를 위해 노예에게 매춘을 시키는 자도 있었다.

매음굴을 이용하는 남성도 많았다. 결혼이 금지된 병사 등 로마에는 만혼의 남성이 많아, 그들은 성욕을 채우기 위해 사창가로 발길을 옮겼다.

로마에는 남창도 존재했다. 남창의 가격은 창부보다 높았지만, 일할 수 있는 기간은 짧았다. '윗사람이 아랫사람을 품는다'라는 불문율이 있어 건장한 신체의 성인으로 성장하면 남창으로 일하지 못했기 때문이다.

야외에서 일하는 창부도 있었지만, 창관에서 일하는 창부도 많았다. 창관은 빈민가에도 있었고 부유층이 이용하는 곳도 있었다. 고급 창부는 부자들의 연회에도 초대받았다고 한다. 창부에게는 악기 연주나 무용 같은 재능도 있어서 실로 재색을 겸비했다고 할 수 있다.

창부 중에는 황제의 총애를 받은 여성도 있었다. 제2대 황제 티베리우스가 총애했던 창부 플로라는 죽을 때 로마에 막대한 유산을 기부해 사후에 여신으로 추앙받게 되었다. 그녀를 위한 신전까지 지어질 정도였다. 놀랍게도 창부로 일했던 황비도 있었다. 제4대 황제 클라우디우스의 황후 메살리나로, 음탕한 성격으로 간음으로도 만족하지 못하고 창관에서 손님을 받았다.

고급 창부들은 많은 돈을 벌었지만 의상비 등에 돈을 많이 썼다. 나이 들어 창관에서 쫓겨나 묘지에서 일하게 된 창부도 있을 정도였다.

매춘업소

창부와 남창

남자들은 성욕을 풀기 위해 사창가로 가기도 했다.

돌아다니는 창부

검투사 시합 등 피비린내 나는 오락거리에 달아오른 남자들은 기분이 매우 고조된 상태일 때가 많았다. 그를 노린 창부들은 콜로세움 근처에서 장사를 했다.

남창의 수요도 높았다

고대 로마에서는 동성애도 이성애와 다르지 않다고 간주되었다. 상류계급 남자들은 성적 봉사를 하는 미소년 노예를 소유하고, 사치스러운 기호품으로 취급했다.

항상 다이어트 중이었다

당시의 미의 조건은 피부가 희고 마른 몸이었다. 자기 몸이 장사도구였던 창부들은 평소에 식사 제한과 운동을 해서 마른 몸을 유지했다.

창부로 변신한 황비

음란한 성격의 황비 메살리나는 창부로 변장하고 밤거리로 뛰쳐나갔다.

죄라는 걸 알면서도 사랑은 멈출 수 없다

미혼이든 기혼이든 순결과 현모양처를 요구 받았던 여성들

고대 로마는 미혼여성은 순결을 지켜야 하고 기혼여성은 현모양처가 되어야 했다. 그렇다고 기혼여성이 무조건 참기만 한 것은 아니었다. 남편이 만혼인 경우 남편의 나이에 따른 체력 저하에 부인은 도무지 만족할 수 없었기 때문이다.

당시는 DNA 감정 같은 것은 없었던 시대여서, 누구의 아이인지 증명할 방법이 없었다. 그래서 그런지 여성들의 하룻밤 불장난이 늘어났다. 이를 염려한 황제는 간통죄를 제정해 불륜을 단속하려 했으나, 벌을 받지 않으려고 자신을 창부라고 사칭하거나 애인과 도피하는 여성이 속출했다고 한다. 또 매일 밤 연회를 열어 추방당한 황제의 딸도 있었고, 아예 창부가 된 황후도 있었다.

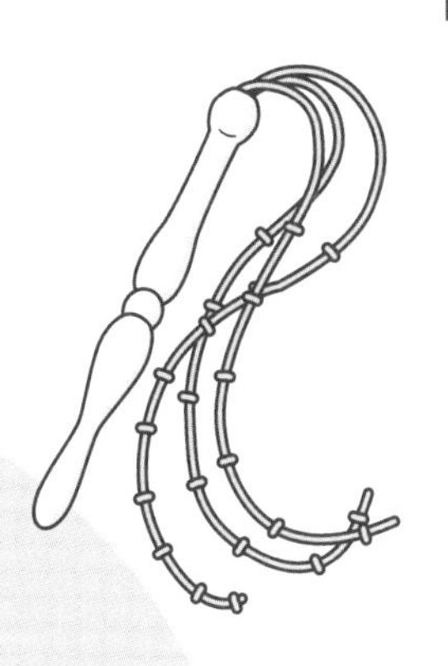

제 3 장

로마의 노예

로마 제국에는 노예가 당연히 존재했다. 그들은 로마의 번영을 아래에서 지탱한 귀중한 노동력이었다. 노예라고 해도 제대로 된 식사와 포상, 휴식이 주어져 결코 일만 한 것은 아니었다. 3장에서는 노예들의 생활을 알아본다.

인구의 30%를 차지했던 노예는 시장에서 구입했다

어느 시대? ▷ 왕정기 | 공화정기 | 제정기

어느 계층? ▷ 황제 | 부유층 | 자유인 | 노예

노예를 구입할 때는 건강과 출신지에 주목

현대사회에서 노예제도는 인권을 무시한 비윤리적 제도라고 치부된다. 그러나 고대 로마 제국에서는 인구의 약 30%가 노예였다. 그 정도로 노예의 존재는 당연한 일이었다.

노예의 공급원은 주로 전쟁이다. 즉 노예는 대부분 이탈리아 반도 바깥에서 잡혀 온 포로들이었다. 어린이 노예 중에는 가난 때문에 부모에게 버림받아 노예가 되는 경우도 있었다. 그밖에도 도박이나 술, 여자 혹은 남자에게 홀려 신세를 망치거나 고액의 빚을 갚지 못해 노예가 되는 어리석은 사람도 있었다.

노예는 상인에게 직접 구입하거나 노예 시장에서 살 수 있었다. 시장에서 상품인 노예는 목에 이름 외에 출신지와 신체적 특징 등 신상정보가 적힌 나무 판을 걸고 있었다. 구입을 희망하는 사람은 명찰의 내용과 시장을 관리하는 상인에게 들은 정보를 토대로 노예를 선택했다.

로마인들이 일반적으로 말하는 '좋은 노예'란 가내 출생 노예다. 가내 출생 노예란 소유한 여성 노예에게서 태어난 아이를 말하며, 아이는 저절로 주인의 소유물이 되었다. 그들은 출생 시점부터 노예라서 자신이 노예라는 사실을 자연스럽게 받아들인다. 따라서 신분 때문에 고뇌하지도 않고 주인에게 충실한 좋은 노예가 되는 경우가 많았다.

반대로 '나쁜 노예'란 이탈리아 반도(특히 로마 시) 출신자다. 이 시대에 여러 이유로 노예가 되었다고는 해도 주인과 노예가 같은 민족이라면 거북해진다. 그래서 노예 구입 시에 로마 시 출신자를 싫어하는 사람이 많았다.

노예의 평균 가격은 성인 남성이 1,000세스테르티우스, 60세 이상이나 8세 미만은 400세스테르티우스 정도였다. 4인 가족의 연간 최저 생활비가 500세스테르티우스였으므로, 노예는 고액 상품이었다.

노예 시장

공개적으로 열린 노예 매매

매일 노예를 사고팔았던 노예 시장은 항상 많은 사람으로 붐볐다.

노예 시장의 모습

노예 시장에서는 여성이나 아이도 단상 위에 나란히 섰으며, 노예 상인은 각 노예의 특징을 이야기하고 조금이라도 비싸게 팔려고 했다.

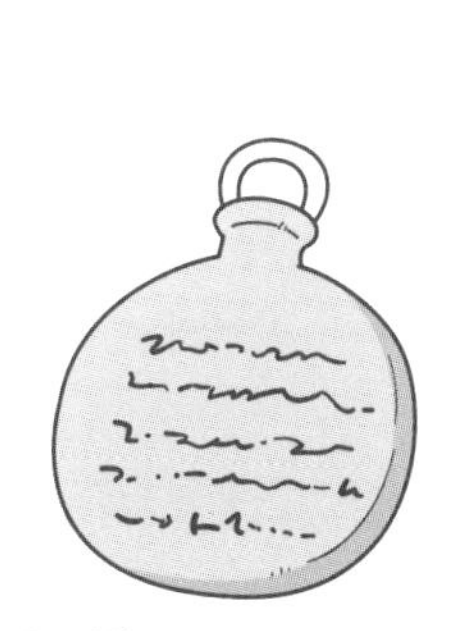

청동 명찰

청동으로 만들어진 명찰은 도망쳤을 때 체포장으로도 사용되었다.

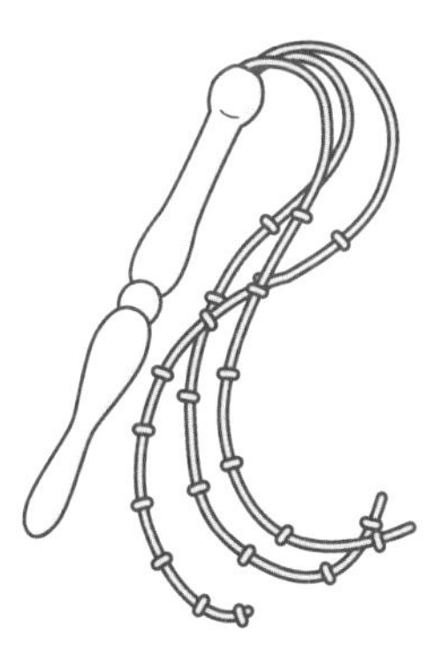

매질

노예 훈련에는 매가 사용되었다. 주인은 잘못을 한 노예의 몸에 채찍질을 했다.

노예는 주로 전쟁 포로

노예가 되는 자는 로마에 패전한 나라의 포로들, 즉 그리스인과 게르만인, 누비아인이 많았다.

노예가 되는 경우

시민이 노예로 전락하기도

부모에게 버림받아 어쩔 수 없이 노예가 되거나 방종하고 무절제한 생활이 탈이 되어 노예가 되기도 했다.

부모에게 버림받은 아이
극빈 가정에서는 부모에게 버림받아 갈 곳이 없어져 노예로 팔려가는 경우가 있었다.

도박에 빠진 자
검투사 시합이나 전차 경주, 주사위 도박 같은 노름에 빠져든 나머지 빚투성이가 된 자도 있다.

술에 빠진 자
도를 넘는 음주를 매일 반복하여 생활비까지 탕진하다, 결국 자기 몸을 팔 수밖에 없었다.

이성에게 홀린 자
여자 또는 남자에게 홀려 돈을 쏟아부은 끝에 빚더미에 올라 노예가 되었다.

좋은 노예와 나쁜 노예

다루기 쉬운 노예와 그렇지 않은 노예

노예들은 출신이 다양했다. 그래서 좋은 노예와 나쁜 노예가 확실하게 나누어졌다.

좋은 노예

태어날 때부터 노예로, 노예의 예법이 자연스럽게 몸에 배어 있다. 주인 입장에서 다루기 쉬웠다.

나쁜 노예

원래 일반 시민 혹은 귀족이어서 노예의식이 낮고 다루기가 힘들었다.

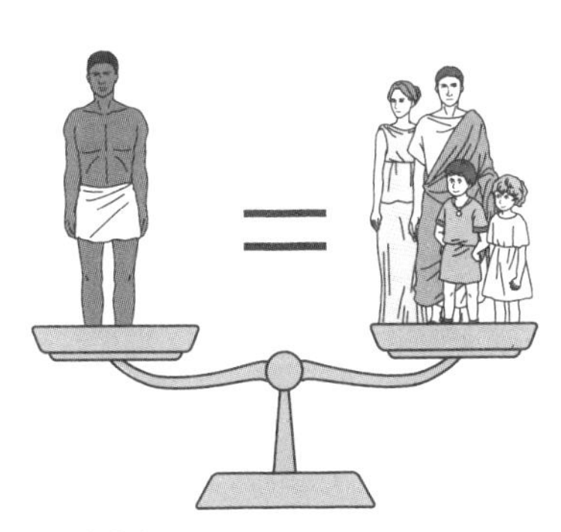

노예의 가격

4인 가족의 연간 최저 생활비가 약 500세스테르티우스이고, 노예의 가격은 400~1000세스테르티우스였다.

로마 FILE

노예 상인에게도 장사 수완이 필요?

노예에게 힘쓰는 노동을 맡겨야 하는데 허약해 보이면 팔리지 않으므로, 노예 상인도 머리를 썼다. 마른 노예에게 헐렁하고 큰 옷을 입혀서 풍채 좋게 보이게 하는 등 위장 전술도 썼다.

교육 수준이 높은 노예는 가정교사로 일했다

어느 시대? ▷	왕정기	공화정기	제정기

어느 계층? ▷	황제	부유층	자유인	노예

농장의 힘든 육체노동 vs 시내 저택의 편한 일

노예가 하는 일은 크게 2가지로, 농장에서 노동을 하거나 도시 저택에서 잡다한 관리를 했다. 농장의 일은 작물 재배에 관한 노동 전반이었다. 땅을 갈고 씨앗을 심으며 물주기부터 잡초 뽑기, 가지치기, 수확까지 모든 과정을 도맡아 했다. 그에 더해 도기그릇을 굽거나 농기구를 만들고 각종 도구들을 정리하며 닦아야 했다. 밖에서는 주로 남성 노예가 일했고 여성 노예는 집 안에서 가구를 닦거나 세탁을 하고 주인이 양을 키우면 양모 가공도 했다. 로마 시외에는 수천 명의 노예가 소속된 대농장도 있었다고 한다.

그에 반해 로마 시내의 저택에서 일하는 노예는 주인과 가족의 신변을 돌보는 일을 했다. 중류층 이상의 가정에는 하녀나 유모 같이 잔시중을 드는 노예들이 있었다. 교육 수준이 높은 노예는 주인 자녀의 가정교사나 편지 읽어주기, 대필 같은 비서 업무를 맡기도 했다.

여성 노예는 안주인의 몸치장과 화장을 도왔다. 옷을 갈아입을 때나 머리 손질, 화장과 같은 시중을 재빠르고 솜씨 좋은 노예에게 맡겼다. 당시에는 화장에 사용하는 안료를 녹이기 위해 침이 사용되었는데, 여성 노예는 안주인의 화장품에 침을 제공했다. 노예가 침을 청결하게 하도록 향초를 입 안에 머금게 하기도 했다. 남녀 구별 없이 부잣집 저택에서는 농장 일 같은 육체노동은 거의 없었다. 일도 편하고 휴식 시간이 많은 직장 환경이라고 할 수 있다.

또 개인 소유의 노예 외에 나라나 도시에 소유권이 있는 노예도 존재했다. 그러한 국유 노예들은 공공시설에서 일하거나 공공사업에 종사했다. 개인 소유 노예와 마찬가지로 교육받은 자라면 일터에서 행정 실무나 보조 업무를 맡았다.

노예의 일

정말 다양한 일을 하는 노예

하루 종일 육체노동을 했던 노예도 있는 반면, 귀족의 시중을 들거나 필사를 하는 노예도 있었다.

농장에서 일하는 노예

수천 명이나 되는 노예를 소유한 농장도 있었다. 그들은 씨 뿌리기부터 수확까지 작물 재배의 전 과정 동안 가혹한 육체노동을 했다.

가정교사를 하는 노예

도시에 사는 교육 수준이 높은 집의 노예는 주인 아이의 가정교사를 하거나 비서 업무를 맡았다.

집안일, 청소를 하는 노예

중류층 이상의 집에서 일하는 노예는 가족의 시중을 드는 하녀나 하인이 일반적이다.

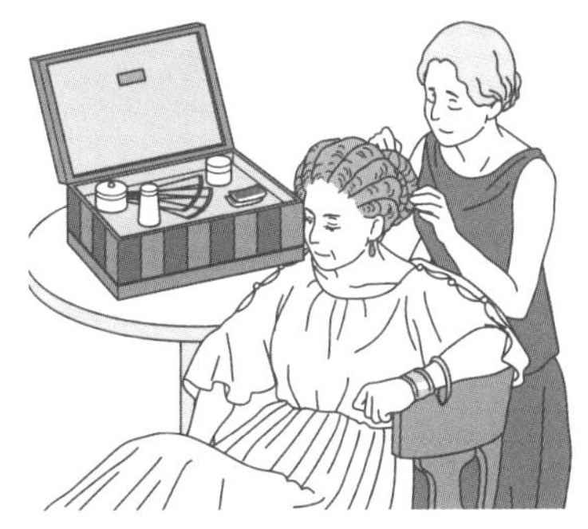

안주인의 몸치장을 돕는 여성 노예

안주인의 화장이나 머리 손질, 옷 갈아입기를 돕는 일은 손이 빠르고 솜씨 좋은 여성 노예가 맡았다.

포상은 치즈와 포도주, 노예도 식사를 즐겼다

어느 시대? ▷	왕정기	공화정기	제정기

어느 계층? ▷	황제	부유층	자유인	노예

노예의 의욕을 북돋는 식사와 역할 분담

노예는 고액 상품이어서 얼마나 비용 대비 효과를 높이느냐가 관건이었다. 가혹한 노동을 시키고 제대로 된 식사도 주지 않으면 노예는 금방 부실해진다. 게다가 그런 취급을 받으면 반항적인 노예가 되어 관리하기 어렵다. 그래서 광산처럼 특수한 장소 외에는 노예에게 폭력을 행사하는 일이 적었다.

노예에게 음식을 이유 없이 주지 않는 일은 없었고, 매우 검소한 식사가 제공되었다. 주인 입장에서도 노예가 일을 배울 때까지는 먹고 싶은 만큼 주는 것이 유리했다. 그와 동시에 노예에게 적극적으로 칭찬했다. 식사가 만족스럽고 칭찬을 받으면 노예의 의욕과 주인을 향한 충성심이 북돋아졌다. 단, 노예가 일을 얼추 익힌 후에는 일한 양에 따라 식사량이 달라졌다. 일 양에 상관없이 식사를 주면 나태해지는 자가 생기기 때문이다.

그리고 충분한 일을 한 노예에게는 상을 주었다. 주로 추가 식료품이나 주인의 저녁 식사에서 남은 음식을 제공했다. 가끔은 노예용 포도주에 치즈를 먹는 노예도 있었을 정도다. 포상은 이외에도 휴가, 특별히 닭이나 돼지 사육을 허락하거나 열매 따기 등도 있었다.

노예를 관리할 때는 역할 분담도 중요했다. 각자에게 적당한 역할을 주고 그 일에 책임이 있다는 사실을 깨닫게 한다. 그러면 노예는 열심히 해야겠다는 의욕에 충만해졌다.

특히 농장에서는 다른 노예를 감독하는 관리인 역할이 중요하다. 대농장의 주인은 도시에 살고 농장 관리는 관리인이 책임졌다. 관리인은 대규모 농장의 경영과 수많은 노예의 관리를 맡았다. 그때 관리인이 명심해야 할 여러 주의사항이 있었다. 관리인도 같은 노예였지만, 그에게 권한을 부여해 아랫사람들의 감독을 맡기는 전략이었다.

노예의 관리

관리하는 것이 중요한 노예

공포정책으로 노예를 지배하지 않고 적절한 당근과 채찍 작전으로 효율적으로 일을 시킬 수 있었다.

신입 노예는 좋은 대우를 받았다

일을 배울 때까지는 좋은 대우를 해 반항적인 노예를 줄이고 동기 부여를 했다.

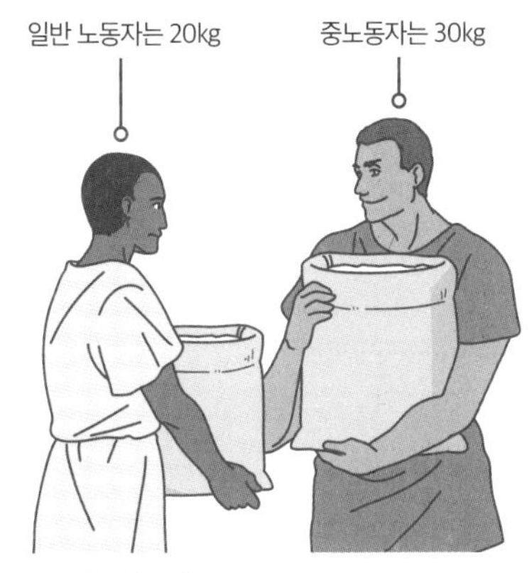

풍부한 밀가루 배급

일반 노동자에게는 한 달에 밀가루 20kg, 중노동자에게는 30kg을 주는 등 노예가 만족할 만큼 충분한 식료품을 제공했다.

노예에게 주어진 포상

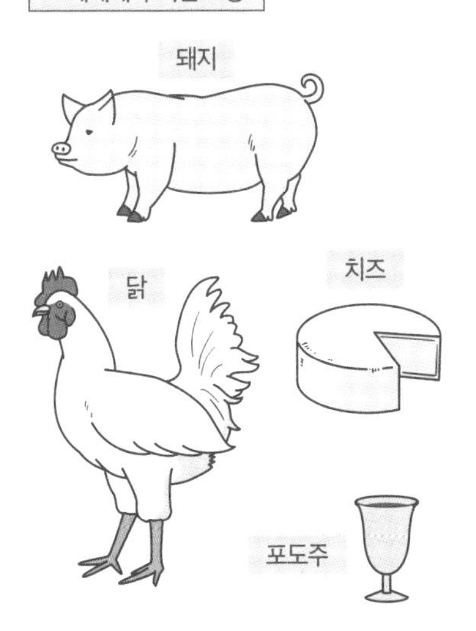

로마 FILE

노예용 포도주 만들기

으깬 포도와 강한 식초를 10 대 2의 비율로 나무 통에 넣고, 거기에 식초와 같은 양의 끓인 포도주와 포도의 5배가량 물을 섞는다. 1일 3회, 5일간 휘저은 술에 바닷물을 넣고 뚜껑을 덮어 10일 동안 발효시키면 완성이다.

관리인의 소양

노예의 리더인 관리인

농장에서 많은 노예를 관리하고 통솔하는 관리인에게는 일반 노예와 다른 역할이 요구되었다.

일찍 일어나고 늦게 잔다

자기 전에 노예들이 모두 잠들었는지 농장에 별 문제는 없는지 확인한 후에 잘 수 있었다.

마음대로 영지를 떠나면 안 된다

관리인은 영지 내의 일을 모두 파악하고 있어야 하며, 노예들이 무슨 생각을 하는지 이해하려 애썼다.

특정한 노예를 편애하면 안 된다

일을 잘하는 노예에게는 포상을, 잘못을 저지르면 벌을 내려 공평하게 관리했다. 또 노예들이 제멋대로 문제를 일으키지 않도록 철저히 감독했다.

노예들을 추위와 공복에서 지킨다

일을 잘할 수 있도록 노예의 건강 유지에 신경 썼으며 식사도 충분히 제공했다.

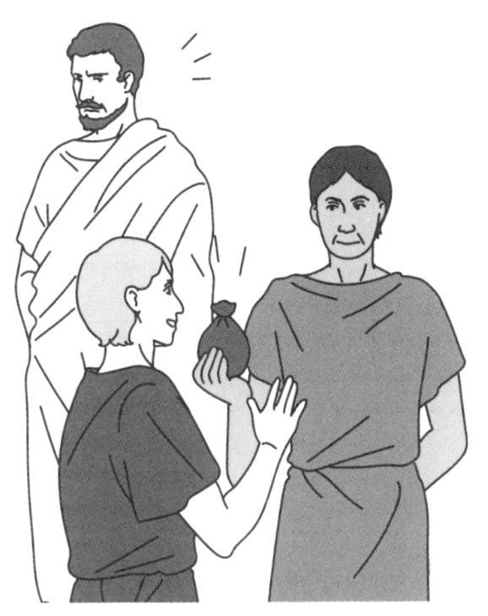

돈을 빌려주면 안 된다

주인의 허락이 없으면 금전을 빌려주어도 빌려도 안 된다. 허락을 얻은 경우에도 빠른 시일 내에 돈을 빌린 노예에게 변제를 요구해야 했다.

장부를 조사한다

장부에 속임수는 없는지 주인과 함께 정기적으로 조사했다.

영지 내의 분쟁을 중재한다

노예 중에는 다혈질에 난폭한 자도 있어서, 관리인은 영지 내에 분쟁이 일어나지 않도록 항상 주의해야 했다.

나쁜 짓을 한 노예를 벌한다

잘못을 저지른 자에게는 손해의 크기에 따라 적정한 처벌을 내렸다.

노예라도 주인이 인정하면 결혼을 할 수 있었다

어느 시대? ▷	왕정기	공화정기	제정기

어느 계층? ▷	황제	부유층	자유인	노예

노예의 혼인은 주인에게 유익했다

로마 시대 주인들은 노예를 자기 마음대로 사용하는 좋은 소유물로 생각했다. 그래서 마음에 든 노예에게 성관계를 요구하는 일을 당연하게 생각했다. 대상이 소년이나 소녀 같은 어린 노예라도 마찬가지였다. 주인은 노예의 생사여탈권을 지니고 있었다.

그런 시대이니 주인과 젊은 여성 노예가 하룻밤을 보낸 후 그 노예가 아이를 임신하는 경우도 많았다고 한다. 주인의 아이여도 여성 노예가 낳은 아이의 신분은 노예다. 이런 경우 보통 아이는 주인의 저택에서 노예로 일했다. 그러나 아이가 병약하거나 노예를 더 이상 늘릴 필요가 없다면, 모친인 여성 노예에게 버리게 하기도 했다.

노예끼리의 결혼도 많았다. 그러나 법적으로 노예의 결혼은 인정되지 않으므로 어디까지나 주인의 판단에 따른 사실혼이었다. 혼인을 인정받은 노예는 주인에게 감사하며 더욱 충실하게 일했다. 노예 부부에게서 태어난 아이는 가내 출생 노예라고 한다. 주인 측에서도 노예의 혼인은 열심히 일하는 노예가 늘고 장래성 있는 젊은 노예를 확보할 수 있으니 장점이 있었다. 하지만 간혹 노예끼리의 결혼을 인정하지 않기도 했다. 주인에게 반항심을 가진 자나 폭력적인 성격 등 문제가 있는 자들의 경우였다.

반대로 노예 중에서 잘 어울리는 한 쌍을 골라 혼인시키는, 중매인 같은 역할을 하는 주인도 있었다. 그중에서 농장을 감독하는 관리인의 상대는 아주 고심해서 골랐다. 마음씨가 착하고 머리가 좋으며 충성심과 정의감이 있어 남편에게 내조할 수 있는 여성 노예여야 했다. 관리인이라는 중요한 자리에 있는 노예라서 단순히 혼인 상대를 정하는 것 이상의 의미가 있었다.

노예와 성

노예의 결혼과 성

주인은 마음에 든 노예와 일상적으로 성적 관계를 맺었고, 노예들은 그것을 호의로 받아들였다.

고액의 소년 · 소녀 노예

미소녀나 미소년에 빠져 거금을 주고 사는 귀족도 있었다.

여성 노예의 임신

여성 노예가 주인의 아이를 임신하는 일도 비일비재했다. 태어난 아이는 자동으로 노예가 되는데, 다른 노예에 비해 응석받이로 자라기도 했다.

노예끼리의 결혼

노예끼리 하는 결혼은 주인의 판단에 따라 인정받았다. 노예 부부 사이에 태어난 아이는 순종적인 노예가 된다는 장점이 있었다.

결혼을 인정받지 못하는 경우

태도가 반항적이거나 폭력적인 노예는 결혼을 허락받지 못했다.

주인을 대신해 노예에게 매질을 하는 직업이 있었다

어느 시대? ▷	왕정기	공화정기	제정기

어느 계층? ▷	황제	부유층	자유인	노예

죄수 노예는 체벌을 받거나 낙인이 찍혔다

노예가 부정행위나 주인의 마음에 들지 않는 행동을 했을 때는 체벌을 받았는데, 로마인들은 이것을 너무나도 당연하게 여겼다. 보통 반항적 태도를 보이거나 규칙을 어기는 등 비교적 가벼운 죄를 범했을 때 체벌을 받았다. 주인이 직접 매를 들고 때리는 경우도 있지만 1대당 4세스테르티우스를 받고 대신 매질을 해주는 프로 체벌 청부인에게 의뢰도 가능했다. 부유한 로마 시민 중에는 자신의 손을 더럽히기 싫어하는 사람이 제법 있었다는 말이다.

적절한 이유가 있는 벌이라면 문제 없지만 학대 수준의 행위를 하는 주인도 있었다. 그래서 주인에게 모진 취급을 받으면 신전에 고소하는 노예도 있었다고 한다. 노예의 소송은 신관이나 정무관이 검토하여 판결을 내렸다. 노예의 주장이 통하면 노예는 다른 사람에게 팔리고, 팔린 대금은 원래 주인에게 주었다. 노예의 소송이 각하되면 원래 주인집으로 돌려보내졌다.

지금까지의 예는 개인이 소유한 가정집 노예의 경우다. 중죄를 범한 노예는 광산이나 갤리선에 보내져 극심한 환경에서 죽을 때까지 중노동을 해야 했다. 또 맹수형이라 불리는 공개처형도 당했다. 맹수가 투기장에서 노예를 잡아 죽이는 맹수형은 당시 일종의 오락거리였다.

주인집에서 도망치는 노예도 끊이지 않았다. 자신의 처우에 불만이 있거나 일이 힘들고, 노예라는 입장 자체를 받아들이지 못하는 등 도망치는 이유는 가지각색이었다. 이유야 어쨌든 주인에게 노예의 도주는 골치 아픈 문제다. 노예가 도망치면 주인은 먼저 현상금을 걸고 시장에 지명수배 벽보를 붙인다. 동시에 도망노예를 찾는 프로 탐정이나 지역의 관리, 유력자들에게 협력을 요청했다. 도망노예가 돌아오면, 목걸이를 걸거나 얼굴에 낙인을 찍어 두 번 다시 도망치지 못하게 철저히 대비했다.

체벌 청부인

나쁜 짓을 한 노예는 엄격히 처벌

비교적 가벼운 죄를 지은 노예에게는 매질을 했다. 주인 스스로 매질을 하기도 했지만 대리인에게 시키기도 했다.

체벌의 본보기

체벌 청부인은 주인 대신에 노예를 매질했다. 무대 위에서 때리는 이유는 다른 노예에게 본보기를 보여주기 위해서였다.

체벌 청부인에게 의뢰하는 이유 ①

주인의 부상을 막기 위해서다. 자신이 휘두른 채찍에 상처를 입거나 노예의 얼굴을 치고 손을 다치는 주인도 있었다.

체벌 청부인에게 의뢰하는 이유 ②

너무 심한 체벌을 받으면 노예가 소송을 걸기도 했기 때문이다. 청부인에게 의뢰하면 주인은 냉정하게 체벌을 집행할 수 있었다.

도가 지나친 처벌

체벌도 너무 심하면 소송당하므로 주의

죄를 범한 노예는 죄의 무게에 따라 벌을 받는데 너무나 불합리하고 잔혹한 벌은 인정받지 못했다.

사자의 먹이로

재판을 거쳐 맹수형에 처해진 중죄인은 끔찍하게도 사자의 먹이가 되었다.

높은 곳에서 떠밀기

정신이 불안정한 주인이 2층 창밖으로 떠밀어 생명이 위험해진 노예도 있었다고 한다.

펜으로 눈 찌르기

몹시 화가 난 주인이 화를 내며 들고 있던 펜으로 노예의 눈을 찔렀다.

도주

노예가 도망치는 것은 비일비재

전쟁이나 정치가 불안할 때를 틈타 주인의 눈을 피해 도망치는 노예는 주인들의 근심거리였다.

노예의 도주

충분한 식사와 휴식이 제공되고 친절하게 대해도 노예의 도망은 일상다반사였다.

도망노예를 찾는 청부인

개를 이용해 도망노예를 찾는 프로 청부인이 존재했다. 비싼 비용에도 불구하고 의뢰하는 주인도 있었다.

주술사

도망자에게 주문을 거는 주술에 시간과 돈을 쓰는 주인도 있었다.

붙잡힌 노예

동판 목걸이를 목에 채우거나 얼굴에 낙인을 찍어서 재범을 막았다.

축제날은 주인과 노예의 입장이 바뀌었다

어느 시대? ▷ 왕정기 | 공화정기 | 제정기

어느 계층? ▷ 황제 | 부유층 | 자유인 | 노예

제비뽑기에 당첨되면 노예가 왕이 될 수도!?

주인을 위해 쉬지 않고 일하는 노예들도 마음껏 기를 펼 수 있는 날이 있었다. 농경의 신 사투르날리아를 기리며 12월 17일부터 23일까지 열리는 '사투르날리아 축제'다. 그 기간에는 신분에 상관없이 모든 사람들이 즐기는 축제가 벌어져, 노예도 특별히 자유를 누릴 수 있었다.

축제의 공식 의식은 신전에서 열리는데 모든 로마 사람들은 먹고 마시고 노래부르며 흥청망청 축제를 즐겼다. 축제 기간에 노예는 노름도 할 수 있었고 주인에게 말대답을 해도 용서받았다. 게다가 이 기간 중에는 계급이 사라져 가치관이 뒤바뀌었다고 한다. 주인과 노예, 남자와 여자 등 사회적 역할을 바꾸어 행동하는 관습이었다. 예를 들면 노예들이 주인보다 먼저 식사하고, 주인이 그들의 식사 시중을 들기도 했다.

그뿐 아니라 노예 중에서 제비뽑기로 왕을 뽑는, 축제 분위기에 편승한 이벤트도 열렸다. 당선된 자는 왕관을 쓰고 망토를 휘둘러 왕으로 분장한 후 어떤 이상한 명령이라도 내릴 수 있었다. 축제 마지막날에는 왕을 살해하는(실제로 죽이는 것은 아니다) 의식이 거행되어 일시적인 입장의 역전 상태도 끝을 고한다.

노예는 모두 이 축제를 즐겼지만 입장 바꾸기를 내켜하지 않는 주인도 많았다. 융통성 있는 주인은 노예들 사이에 스스로 들어가 분위기를 흥겹게 만들기도 했다. 평소의 주종관계로 인한 긴장감이 허물어져 친밀감이 생기는 장점도 있었다. 하지만 시끄러운 소동과 거리를 두고 싶어하는 주인은 혼자 자기 방에 틀어박히기도 했다. 노예들은 주인이 없는 쪽이 오히려 마음 편하게 즐길 수 있으므로 더 좋았을지도 모른다.

하지만 어느 쪽이든 주인은 축제가 끝난 뒤의 일을 걱정했다. 시끌벅적한 소란의 여운을 없애고 최대한 빨리 평소의 규칙적인 생활로 돌아가도록 애썼다.

축제날

노예가 1년에 한 번 기를 펼 수 있는 날

이때만큼은 노예들은 왁자지껄하게 먹고 마시고 노래부르며 무슨 말을 해도 비난받지 않았다.

일반 시민처럼 자유를 누렸다

노예들도 자유롭게 먹고 마시며 술주정을 했다. 게임이나 도박도 허용되어, 노예들은 안찰관 앞에서 당당하게 주사위 놀이를 했다.

주인에게 맞서도 OK

하루 동안의 하극상으로 주인에게 말대답을 하는 것이 허용되었다.

임금놀이

제비에 뽑힌 노예가 왕으로 분장하여 이상한 명령을 내리는 등 짓궂은 장난을 치는 풍습이 있었다.

강제 노동에 화가 난 노예들이 반란을 일으키기도 했다

어느 시대? ▷ 왕정기 | 공화정기 | 제정기

어느 계층? ▷ 황제 | 부유층 | 자유인 | 노예

시칠리아섬 노예 반란과 스파르타쿠스의 반란

로마 시대에는 전쟁에 승리하면 전쟁포로와 같은 노예가 대량으로 공급되었다. 본국과 식민지(속주) 모두 전쟁 후는 노예의 수가 갑자기 늘어난다. 포로 중에는 불만을 품은 자가 많아 대규모 노예 반란의 불씨가 싹트고 있었다. 최초의 반란은 기원전 2세기 말에 속주 시칠리아 섬에서 일어났다.

속주의 농지는 국유화되어 부유층이 그 토지를 싼값에 빌렸다. 이른바 대토지 소유제인데, 대지주는 넓은 토지를 노예들이 경작하게 했다. 시칠리아 섬에도 대지주 농장에서 중노동에 종사하는 수많은 노예들이 있었다. 얼굴에 낙인이 찍히고 다리에는 자유를 빼앗는 쇠사슬과 추를 매단 노예들에게 주인을 향한 불만이 쌓여갔다. 농사일 노예뿐 아니라 가축을 돌보는 목부들의 불만도 격화되어, 그들은 무기를 손에 들고 집단으로 약탈을 일삼게 되었다. 점차 농부와 목부 노예가 결탁해 반란으로 번졌다. 마을은 파괴되고 수많은 사람들이 목숨을 잃었다. 결국 로마군에 의해 진압되었다.

노예 반란으로 가장 유명한 스파르타쿠스의 반란은 기원전 1세기에 이탈리아 반도 본토에서 일어났다. 검투사 노예 양성소에서 도망친 스파르타쿠스를 중심으로 도망노예들이 집결해 이루어진 대반란군이 로마군과 맞붙었다. 그들에게 '노예의 나라 건국' 같은 거창한 야망이 있었던 것은 아니다. 고향에 돌아가 자유롭게 살고 싶다는 생각뿐이었다. 그러나 각지에서 불만을 품은 노예가 모여들어 반란군은 일대 세력으로 커졌다. 스파르타쿠스가 매우 유능한 지휘관이었다는 이유도 크다. 반란군은 3년에 걸쳐 싸웠고 최후에는 로마군에게 궤멸당했다.

스파르타쿠스의 반란 후에는 노예들의 대규모 반란은 일어나지 않았다. 이들 반란은 확실히 노예의 대우나 권리를 개선하는 하나의 계기가 되었다.

반란

무시할 수 없었던 노예들의 반란

너무 혹사하거나 함부로 대하면 노예들은 모든 수단을 동원하여 주인과 지배층에게 반기를 들었다.

노예 반란
부당한 취급으로 불만이 심화된 노예들은 일당을 조직해 반란을 일으켜 마을을 불태우고 자신들의 처우 개선을 요구했다.

농업노예의 반란
농기구 사용에 능숙한 농업노예는 농기구를 무기 삼아 반란에 참여했다.

로마 FILE

입이 가벼운 노예

시민들에게 주인의 험담을 하고 소문을 퍼뜨러 주인을 곤경에 빠뜨리는 노예도 있었다.

노예에서 시민으로 승격할 때는 주인이 세금을 낸다

어느 시대? ▷	왕정기	공화정기	제정기

어느 계층? ▷	황제	부유층	자유인	노예

노예 해방은 주인에게도 이득이 있다

해방된 노예는 로마 시민(자유인)이 될 수 있었다. 가장 정착된 해방 수단은 주인의 사후 유언에 의해 그때까지의 충실한 노동을 인정받아 해방되는 경우였다.

주인이 생전에 해방하는 경우도 있었다. 해방되기까지의 연수는 5년부터 20년까지 사람마다 제각각이었다. 여성 노예는 주인이 처로 삼겠다는 이유로 해방될 때도 많았다. 이 경우 해방 후에 다른 남자와 눈이 맞아 달아나는 사태를 막을 대책이 필수다. 즉 해방의 조건에 결혼을 꼭 넣어야 했다.

노예 해방의 공식 절차는 정무관의 눈앞에서 해방할 노예에게 곤봉으로 최후의 일격을 가하는 것이다. 이렇게 승인을 받았다. 곤봉으로 치는 시늉만 해도 허가가 내려진 듯하다. 또 해방하려면 노예 가격의 5%를 지불해야 했다. 이는 세금으로, 물론 면제는 되지 않았다.

다른 방법으로 주인에게 돈을 지불하고 해방노예가 되는 방법도 있었다. 보통은 자신이 자신의 자유를 구입하는 형식이다. 그 외에 노예 커플 중 한 사람이 해방되어 상대를 구입하는 경우도 상당히 많았다.

귀족의 저택에서 일하는 노예가 주인과 친밀한 관계를 쌓기 쉬워서 해방될 가능성이 많았다. 한편 농장에서 해방되는 노예는 노예두목인 관리인 정도였다. 일할 사람을 다시 뽑아야 했기에 주인 쪽은 그다지 달가워하지 않았다. 안타깝게도 일반 농장 노예는 대부분 해방되지 못하고 노예인 채로 생을 마감하였다.

해방 후에도 주인은 파트로누스(보호자), 해방노예는 클리엔테스(피보호자)로서의 관계가 지속되었다. 많은 클리엔테스를 거느리면 선거 때 유리해지는 등 주인 측에서도 이득이 있었기 때문이다.

해방노예

자유를 꿈꾸는 노예들

노예라고 한평생 노예인 것은 아니다. 성실하게 오랫동안 일하면 일반 시민의 신분을 얻기도 했다.

주인 사후에 해방

주인의 유언에 따라 주인 사후, 노예 입장에서 해방되었다. 노예 해방 중에 가장 정착된 방법이었다.

주인과 결혼

주인과 결혼하는 여성 노예도 있었는데, 다른 남자와 도망치지 않도록 대책을 확실히 세운 후에 해방했다.

해방에는 납세가 필요

노예 가격의 5%가 노예 해방에 필요한 세금이다. 이 세금은 면제되지 않았다.

해방까지의 연수는 제각각

노예가 해방되기까지의 연수에 기준은 없었다. 5년 만에 해방되는 자가 있는가 하면 20년이 걸려 해방되는 자도 있었다.

column ③

노예의 장례, 우리도 살았다는 증거를 남기고 싶다

장의 상조회로 매장 비용을 마련

일반 로마 시민은 사망 후 카타콤베(catacombe)라고 불리는 공동묘지에 매장되었다. 묘에는 이름을 새겨 고인을 기렸는데, 하층민이나 노예에게는 그런 배려가 없었다. 사후에 푸티쿨리(puticuli)라고 하는 깊이 10m 정도의 커다란 구덩이에 내던져질 뿐이었다.

그러나 제정기에 들어서면서 이러한 관습에 변화가 생겼다. 보잘것없더라도 장례를 치르길 원했던 노예들은 장의 상조회를 결성했다. 상조회에 입회한 사람들은 매월 조금씩 회비를 납부해, 사후에 그 돈으로 장례식을 치렀고 묘지 매장에 필요한 경비를 모았다고 한다. 상조회 덕분에 서서히 일반 시민과 같이 제대로 된 장례식과 매장을 치르는 노예들이 늘어났다.

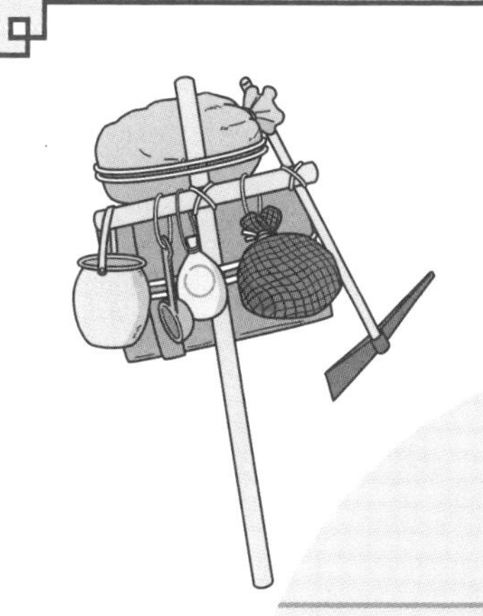

제 4 장

로마의 군대

고대 유럽의 최강자인 로마 제국! 4장에서는 강력한 지배를 가능하게 했던 로마 제국군의 군대와 병사들의 일상에 대해 알아본다. 입대 과정, 군대의 구성, 병사들의 일과, 훈련, 전투방식과 무기, 장비 등 강한 군사력의 비결을 파헤쳐본다.

제정기 전의 병사는 직접 구입한 무기로 싸웠다

어느 시대? ▷	왕정기	공화정기	**제정기**

어느 계층? ▷	황제	**부유층**	**자유인**	노예

병역은 로마 시민에게 의무인 동시에 권리

로마 제국을 지중해의 강자로 만든 원동력은 뭐니 뭐니 해도 강대한 군사력에 있다. 이탈리아 반도를 통일한 기원전 3세기, 로마의 인구는 거의 100만 명에 가까웠다. 그중 종군 가능한 성인 남성의 수는 약 30만 명으로 추정된다. 여기에 동맹국의 병사까지 더하면 로마는 100만 명의 병사를 동원할 수 있었을 것이라 예상된다. 유럽에서 인더스강에 걸쳐 광대한 영토를 정복한 그리스의 알렉산더 대왕조차 동원한 병사의 수는 약 5만 명이다. 당시 로마는 타국을 압도하는 군사력을 자랑했다.

하지만 그런 로마도 실은 제정기 전까지는 상비군이 없었다. 직업군인도 공화정 말기가 되어서야 등장했다. 그전까지는 자비로 마련한 무기를 든 시민들을 모아 군단(레기오, legio)을 구성했다. 재산에 따라 부대를 편성하기 시작한 사람이 왕정기의 제6대 왕 세르비우스다. 이때 편성된 부대는 각각 사용하는 무기의 종류가 달랐다. 로마의 전법은 중장비로 무장한 보병을 중심으로 한 중장보병 전술이었다. 따라서 자비로 장비를 마련하려면 상당한 재력이 필요했다.

공화정기의 병역은 재산을 가진 17~46세의 남성 시민에게 의무인 동시에 권리였다. 군인이 되는 일은 정치적 발언권이 있음을 의미했기 때문이다. 재산이 없는 사람은 병역을 면제받았다. 얼핏 들으면 좋은 일 같지만, 무구를 조달할 수 없는 사람은 군에 복무할 자격이 없다는 말이다.

전쟁 때마다 병사를 모집하지 않고 상비군으로 제도를 바꾼 사람은 제정 로마의 초대 황제 아우구스투스다. 당초 25군단에서 시작하여 3세기 전반에는 33군단까지 늘어났다. 기본 단위는 1군단 600명으로 이루어지는 코호르스(cohors)로, 총 병사 수는 약 5,400명이다. 군단은 주로 속주에 배치되었다.

로마군

부자만 하는 것이 가능했던 병사

재력이 있는 사람이 로마군 병사가 되어 정치적 권리를 얻었다. 이윽고 로마는 거대한 군사체제를 갖추게 되었다.

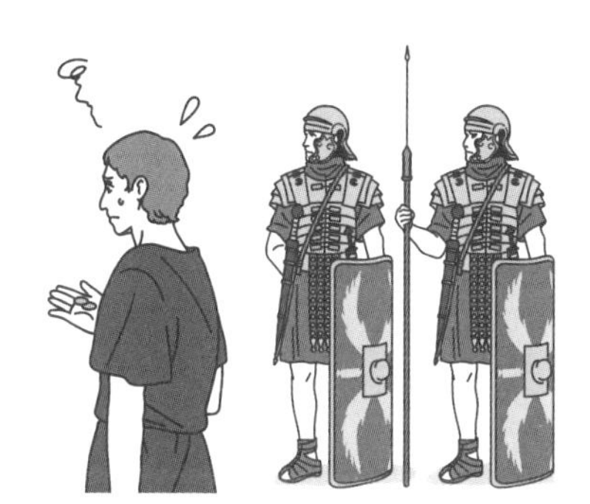

무기는 자비로 마련했다

제정기 전 시대에 무구는 국가에서 지급되지 않았고 스스로 조달하지 못하면 병사가 될 수 없었다. 그 결과 재산이 있는 자만 군에 복무해 정치적 권력을 갖게 되었다.

창을 이용한 전술이 특기였다

로마군은 창 전술에 뛰어났다. 밀집대형을 이뤄 방패 틈으로 3~4m 정도 창을 내밀고 적과 대치했다.

로마군의 병력

로마군의 1개 군단에는 4,200~5,000명의 병사들과 기병 300명, 그리고 동맹국의 보조군이 있었다. 1개 군단은 30개의 대(마니풀루스, manipulus)로 편성되어 3열의 진을 이루어 전투에 임했다.

신장 173cm 이하는 절대 병사가 될 수 없었다

어느 시대? ▷	왕정기	공화정기	**제정기**

어느 계층? ▷	황제	**부유층**	**자유인**	노예

병사가 되기 위한 로마 시민의 조건은?

종군 경험이 있으면 이상적인 로마 시민으로 여겨졌다. 누구도 전장에 나가는 일을 마다하지 않았다. 황제나 유력 정치가에게도 예외는 없었다.

로마군의 일원이 되려면 가장 먼저 필요한 조건이 시민권의 유무다. 공화정기의 로마 시민에게는 25년간의 징병 의무가 있었다. 제정기 들어 지원제로 바뀌어도 시민권 보유는 변함없이 필수 조건이었다. 시민권이 없는 속주 사람은 로마 군단에 들어가지 못하고 보조군으로 편성되었다.

군단병은 중장보병으로 이루어진다. 중장보병의 모든 장비를 몸에 걸치려면 엄청난 체력이 요구되었다. 키가 173cm 이상이 입대 조건인데, 체격에 따라 꼭 조건을 만족시키지 않아도 입대 가능했던 경우도 있었다. 신체가 온전하고 건강하며 남성 성기가 정상이고 시력이 좋은 것도 필요조건이었다. 그래서 군대에 안 가려고 스스로 손가락을 자르는 사람도 있었다.

군단병이라는 사실은 당시에는 특권 중 특권이었다. 그러므로 군대에서는 입대자의 혈통이 확실한지도 조사한다. 그때 필요한 중요한 문서가 추천장이다. 로마 사회에서는 기본적인 인물증명서이기도 하다. 군에 입대하고 그에 더해 출세까지 원한다면 마땅히 지위가 높은 인물로부터 추천장을 받아놓아야 한다. 특히 퇴역병에게 받는 추천장이 평판이 좋았다.

로마군 병사가 되면 가혹한 훈련으로 점철된 날들이 기다린다. 독신도 입대의 필요조건으로 여러 가지로 자유가 제한되었다. 반면에 수입과 의식주를 보장받는 매력적인 직업인 것도 확실했다. 전쟁이 없을 땐 도로공사 등에 종사해 토목기술을 배울 수도 있었다. 20년간의 군복무를 마치면 퇴역병으로 존중도 받으므로, 빈곤한 시민에게는 출세 수단이기도 했다.

입대

엄격한 입대 자격

누구나 병사가 될 수 있는 것이 아니고 로마 시민권을 가진 독신 남성만이 입대할 수 있었다.

신병 모집

그림은 로마군에 입대를 희망하는 남자들이 신병 징병관 앞에 몰려가 있는 모습이다. 징병관은 한 명 한 명 입대 자격을 확인해야 한다.

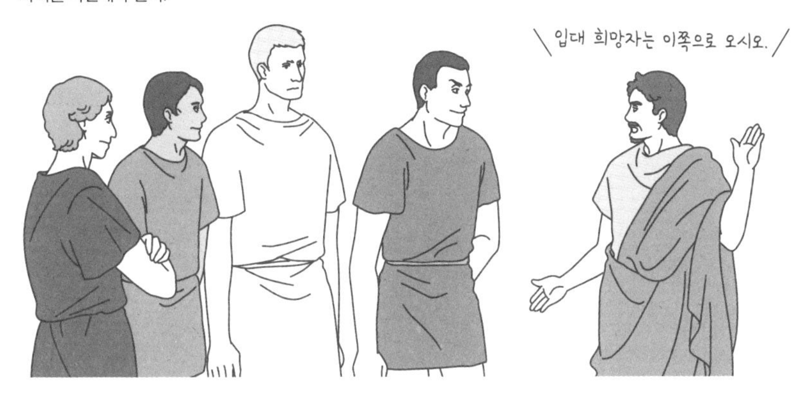

입대 자격

로마 시민권을 가진 자

로마 시민에게 주어지는 시민권이 있는 사람만 입대할 수 있었다. 외국인이나 노예, 동맹국 시민은 시민권이 없어 군인이 될 수 없었다.

독신인 자

로마군 병사에게 결혼은 허용되지 않았다. 기혼자가 입대를 원하면 이혼해야 해서, 결혼생활에서 도망치기 위해 입대하는 사람도 있었다.

신체검사

키가 크고 건강한 남자면 OK!

입대 자격을 만족하면 신체검사를 받았다. 온전하고 건강한 신체를 가진 자여야 했다.

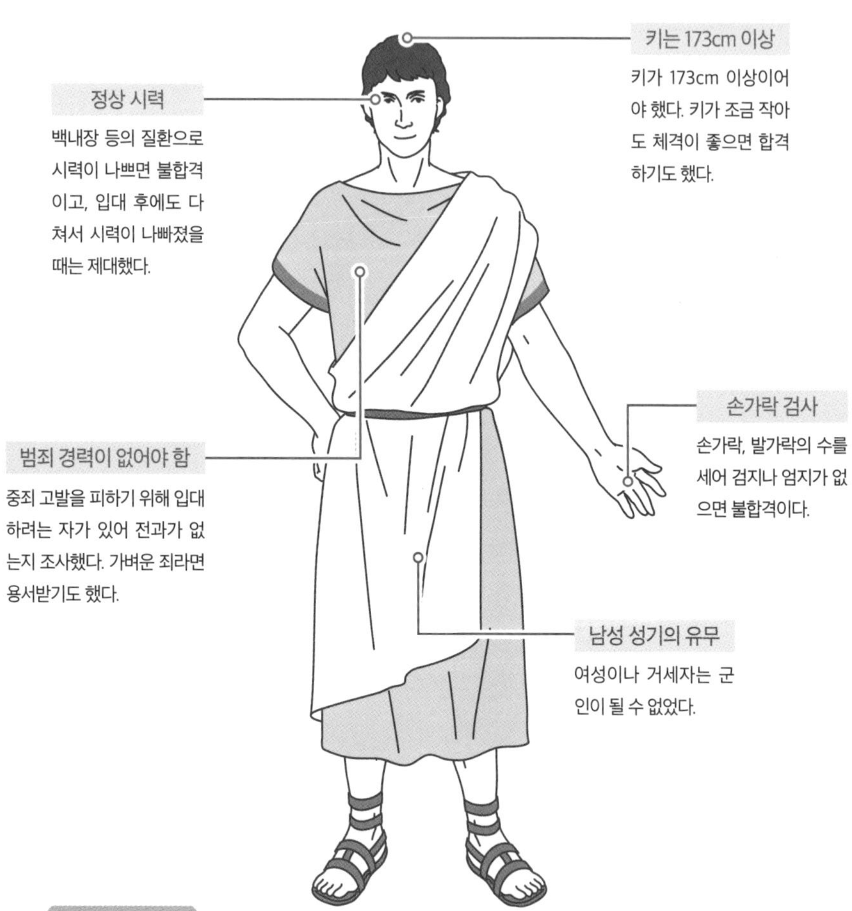

로마 FILE

인물을 보증하는 추천장

신분이나 인물을 보증하기 위한 추천장도 제출해야 했다. 추천인의 신분이 높거나 퇴역병이면 높은 평가를 받았고, 좋은 추천장을 가진 자일수록 견실한 직종에 복무할 수 있었다.

시험과 입대

최종 면접에선 인물상과 체력 체크

신체검사에서 통과한 자는 마지막으로 면접시험을 보고 떳떳하게 입대한다. 선서 후에 약 25년간 병사로 근무한다.

① 면접시험

성격과 체력을 점검하는 면접시험을 본다. 추천장에 쓰인 인물이 확실한지도 확인한다.

② 선서

면접에서 통과한 자는 '입대 선서' 열에 서서 "이 한 몸을 희생하여 로마를 위해 충실히 봉사하겠다"라는 맹세의 말을 하고, 곧이어 신병들은 "이뎀 인 메(idem in me, 나도 그렇다)"라고 선서한다.

③ 검사와 등록

입대 후는 이름 외에 신체 특징이 상세히 기록된다. 탈주병이나 전사자가 나올 경우 판별을 위해 점이나 상처 등도 검사한다.

④ 배속처로 이동

배속된 부대로 이동한다. 배속 예정된 자대의 병사가 신병들을 안내하는 경우도 있지만, 군단 막사까지 스스로 가도록 지시하기도 했다.

고대 로마에서 군의 리더는 황제가 직접 정했다

어느 시대? ▷	왕정기	공화정기	**제정기**

어느 계층? ▷	황제	**부유층**	**자유인**	노예

로마 군단은 지휘 체계가 정립되었다

로마 군단의 규모는 정치체제나 시대에 따라 다르다. 로마의 황금기였던 제정 초기에는 하나의 군단(레기오)이 10개의 대대(코호르스)로 구성되었다. 여기에 기병 약 200명과 비 로마 시민인 보조군을 더한 약 5,000~6,000명의 병사가 실제 전력이었다. 군단 수는 초대 황제 아우구스투스 시절 25개로, 그 후 여러 번 늘거나 줄었다. 로마 시대를 통틀어 숫자나 이름이 붙은 군단이 50개가 창설되었지만 다 존속하지는 않았다.

군단은 주요 속주에 배치되었다. 속주를 다스리는 속주 총독이 통치자이고, 그는 행정, 사법뿐 아니라 군사 책임자이기도 했다. 각 속주에 배치된 군단은 원로원 상급의원에서 황제가 지명한 총독 아래, 여러 계급으로 구성되었다. 배치된 군단 규모에 따라 다르지만 하나의 속주에 하나의 군단이 배치되는 경우는 총독 이하 군단장, 군단부관, 군영대장, 수석 백인대장, 백인대장, 일반병사 순이었다.

군단장은 원로원 중급의원에서 황제가 지명했고, 1군단에 1명 있었다. 군단장의 보좌역인 군단부관은 1군단에 6명이고, 기사 신분의 부유층에서 역시 황제가 임명했다. 군영대장은 비전투시에 후방 지원을 담당했으며, 수석 백인대장 경력이 있는 베테랑 병사가 임명되었다.

수석 백인대장은 백인대장 중에서 선발되어 제1코호르스를 지휘한다. 1코호르스는 6개 중대(켄투리아, centuria)로 이루어졌고 켄투리아를 지휘하는 부사관이 백인대장이다. 백인대장은 1군단에 60명 있고 각각 80명의 병사를 지휘한다. 군대 계급 최하위가 일반 병사다. 로마 시민 중 군대에 지원해 채용된 자들로 급료를 받고 복무하는 직업군인이다.

군단의 계급

군단의 최상위에서 일반 병사까지

군단은 주로 신분이 높은 사관과 신분이 낮은 군단병으로 나누어진다. 군단병은 4개의 대열로 구성되었다.

사관

속주 총독

황제가 지명한 군사, 행정, 사법의 책임자로 임명권을 가지고 있다.

군단장

군단의 지휘관이다. 원로원 의원을 3년 이상 역임한 30세 전후의 인물로 지명되며, 1군단에 1명이다.

군단부관

군단장을 보좌하는 참모 장교로 1군단에 6명이다. 군단의 운영을 총괄하고 지휘권도 가지고 있다.

군영대장

야영 업무를 담당하는 상급 사관으로, 요새의 관리와 식품, 군수품 조달을 담당한다.

수석 백인대장

백인대장의 우두머리로, 명예로 여겨지는 제1코호르스(대대)를 지휘한다. 속주 총독이 선발했다.

백인대장

80명의 병사를 지휘하는 소대장으로 1군단에 60명 있다. 일반 병사의 출세 코스이다.

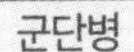

일반 병사

병역을 지원한 시민들로 급료와 수당이 주어지고 복무 기간은 25년이다. 4개 대열로 나뉜다.

벨리테스(velites)

일반 병사의 4개 대열 중 가장 앞줄에 위치했다. 자금 부족으로 중장비를 구하지 못해 정찰이나 전초전을 담당했다.

하스타티(hastati)

제1전열병, 주로 나이가 어린 이나 신병들이 담당한다.

프린키페스(principes)

제2전열병, 30세 전후의 전투에 숙련된 자이다.

트리아리이(triarii)

가장 마지막 줄에 선 고참 병사들로, 전투에 그다지 투입되지 않았다.

최강 로마 군단 부대 편성은 보병 중심이었다

어느 시대? ▷	왕정기	공화정기	**제정기**

어느 계층? ▷	황제	**부유층**	**자유인**	노예

군대는 재산 규모에 따라 병종이 나뉘었다

공화정기의 로마 군단은 중장보병, 중장기병, 경장보병, 경장기병으로 구성되며 병역은 왕정기 이래 로마 시민의 의무였다. 시민병은 각 병종으로 나뉘는데, 여기에 하나의 장애물이 있었다. 장비 구입도 본인의 의무였던 것이다. 그래서 재산에 따라 정해진 병종으로 나뉘는 구조가 정착한다.

예를 들면 중장보병과 함께 군의 중핵을 맡은 중장기병은 비용이 많이 들어 부유층이 분담했다. 말에 타는 데도 등자(안장에서 내려진, 발을 걸치는 마구)가 아직 없던 시대였다. 기병은 등자가 없는 상태로 말을 달려야 했으므로 평소부터 승마에 익숙해 있어야 했다. 또 말을 사육할 재력도 필요했다. 이를 근거로 기병에 근무하는 자들의 신분도 추측할 수 있을 것이다.

공화정 말기가 되면 산업구조가 바뀌어 자작농민들이 몰락한다. 그러자 재산으로 나뉘는 병종의 균형이 깨어진다. 그때 집정관(콘술, consul)의 자리에 오른 사람이 가이우스 마리우스다. 마리우스는 약해진 군을 일으켜 세우기 위해 징병제에서 지원제로 제도를 바꾸고 급료 외에 무구도 나라가 지급하도록 바꾸었다.

마리우스의 병제 개혁은 여러 면에 영향을 끼쳤다. 군단의 주전력이었던 중장보병은 원래 장비 구입 비용 때문에 대다수가 부유층이었지만, 개혁 후에는 나라에서 비용을 부담해 지원병으로 바뀌게 되었다. 한편 활이나 돌 등 날아가는 무기를 사용하는 경장보병과 경장기병은 보조군인 속주민으로 구성되었다.

보조군 병사는 로마 시민이 아니라서 급료도 연금도 만족스럽게 주어지지 않았다. 대신 군의 규칙과 훈련이 비교적 느슨하고, 제대하면 로마 시민권을 받을 수 있다는 특전이 있었다. 또 대부분 보조군은 주둔지에서 이동하지 않았으므로 가족이 있는 자도 드물지 않았다.

기병군

말을 타고 싸우는 군인

일반 보병인 군단병 외에도 말에 타서 싸우는 기병군이 있었다. 말을 능숙하게 타는 자만 기병이 될 수 있었다.

기병

말을 탈 수 있는 로마인과 훌륭한 기마능력을 가진 속주 민족은 기병으로 배치되었다. 기병은 예비 전력으로, 적이 패주하기 시작할 때 투입되었다. 보병과 다른 무기를 소지하고 투구는 머리 전체를 보호하는 형태였으며 스파타(spatha)라는 장검을 사용했다.

기병대는 현지인의 구경거리

주둔지는 번쩍이는 갑옷을 걸치고 빠른 속도로 달리는 기병대들을 한번 보려는 주민들로 인산인해를 이뤘다.

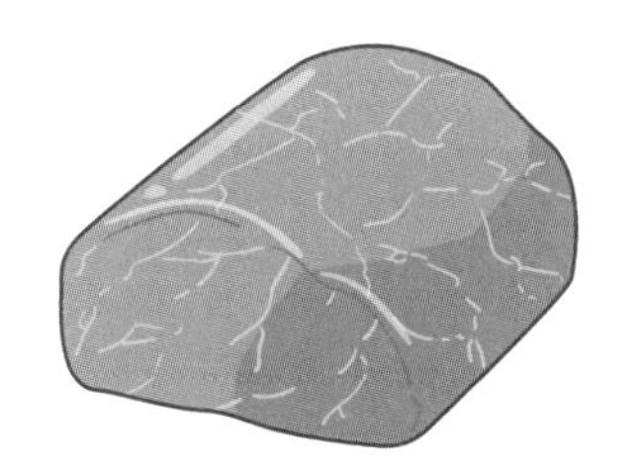

비상식량으로 말고기를 먹었다

원정 중에 상황이 악화되면 타고 있던 말을 비상식량으로 잡아 먹는 일도 있었다. 말 한 필로 몇 주 동안 버틸 수 있었다고 한다.

보조군

뭐든지 처리하는 군단의 든든한 보좌역

부유하지 않은 신분의 사람이나 동맹국 현지의 병사들은 보조군으로 편성되었다. 보조군은 군단의 협력과 지원이 주된 업무였다.

갑옷 연마

갑옷을 좋은 상태로 유지하기 위해 번쩍이게 닦았다. 위엄찬 모습으로 적을 위압하는 의미도 있었다.

진영의 설치와 해체

진영의 설치 장소를 안내하거나 군단병들과 천막 설치와 해체작업을 했다. 참호를 파는 등 토목작업도 했다.

정찰

전투 중에는 매복 중인 적이 없는지 먼저 가서 정찰하여 적의 병력 등을 확인하고 대장에게 전달했다.

전투에 참전

보조군도 참전할 때가 있어 전초전 격의 소규모 싸움을 하거나 적에게 활을 쏘고 돌을 던졌다. 접근전에 투입되기도 했다.

해군 · 근위군

노예도 입대가 가능

로마군에는 그 외에도 해상에서 싸우는 해군과 황제를 호위하는 근위군이 있다. 해군은 다른 군에게 멸시당했다고 한다.

해군

노꾼이 상하 3단으로 배치된 3단 도선(갤리선)을 사용했다. 해군은 신체가 건강하다면 비교적 쉽게 누구라도 입대할 수 있어 노예 신분에서 탈출할 수도 있었다. 그래서 다른 군에게 경멸당했다.

근위군

황제의 안전을 지키는 근위군은 로마군에서 최고의 직무로, 급료와 대우가 좋아 군단 중에서도 인기였다. 황제에게 좋은 평가를 받은 자는 백인대장으로 승진하기도 했다. 근위군은 전갈 문장이 새겨진 방패를 들었다.

로마 FILE

근위군은 토가를 착용했다

한 장짜리 천으로 만든 상의를 토가라고 한다. 궁전에서 근무하는 근위병은 토가를 착용했다. 토가는 원래 로마 시민의 일상복이었으나 서서히 상류계급들이 입게 되어 예복이 되었다.

비번인 날은 목욕탕에서 동료들과 도박을 즐겼다

어느 시대? ▷ 왕정기 | 공화정기 | **제정기**

어느 계층? ▷ 황제 | **부유층** | **자유인** | 노예

지루한 임무와 고된 훈련이 매일 반복되었다

규칙적 반복이 군대생활의 특징이다. 고대 로마 시대도 마찬가지였다. 병사의 하루는 닭이 새벽을 알리는 시간보다 빨리 시작된다. 일어나면 바로 군복을 입고 가벼운 아침식사를 한다. 그다음은 조례다. 정렬한 병사들 앞에서 황제나 총독으로부터의 편지를 비롯한 중요한 발표를 한다. 또 조례에서는 그날의 명령을 내린다. 해산 후는 백인대장이 주관하는 각 소속 부대의 집회나 청문회 등 소규모 모임에 참석한다.

경비는 보초를 서는 일이다. 문이나 창고 같은 중요시설을 경호하는 일로 감독과 사령관이 순찰에 동행할 때도 있다. 시설을 보수관리하는 잡역도 병사의 임무다. 간단한 청소부터 목욕탕 가마에 불 때기, 마구간과 화장실 청소와 같은 중노동까지 자질구레한 일이 많았다. 개중에는 백인대장에게 뇌물을 주고 가벼운 작업으로 바꾸는 자도 있었다.

군사훈련도 물론 매일의 일과였다. 캄푸스(campus)라고 하는 야외 훈련에서는 진형을 짜고 행군과 전투, 다른 부대와 모의전투 등을 한다. 바실리카(basilica, 시민회당)나 루두스(ludus, 원형극장)에서 하는 시설 훈련에서는 완전무장하고 도랑을 뛰어넘는 훈련도 했다.

저녁식사는 포도주에 매콤한 생선젓갈 가룸(당시의 주요 조미료)을 곁들여 먹는다. 고기, 치즈와 빵도 먹었다. 병사의 식탁에는 일반 시민보다 고급 메뉴가 올라온다. 저녁식사 후 취침까지는 주로 장비를 정리하며 시간을 보냈다. 가족에게 편지를 쓰기도 하고 야간순찰에 나서는 사람도 있다.

쉬는 날 병사들은 목욕탕에 갔다. 목욕으로 피로를 푸는 것이 주 목적이지만, 주사위 놀이나 수다를 떨면서 일종의 사교 활동도 했다.

일과

규칙적인 생활과 균형 잡힌 식사

로마군의 하루는 아침 일찍 시작되고 낮에는 다양한 임무와 훈련이 이어졌다. 밤에 허락을 받으면 외출도 가능했다.

조례

기상하여 아침식사가 끝난 후 조례가 시작된다. 총독이나 황제가 보낸 편지가 낭독되고 감독이 그날의 명령을 하달한다. 점호를 하고 파견처의 암호가 발표된다.

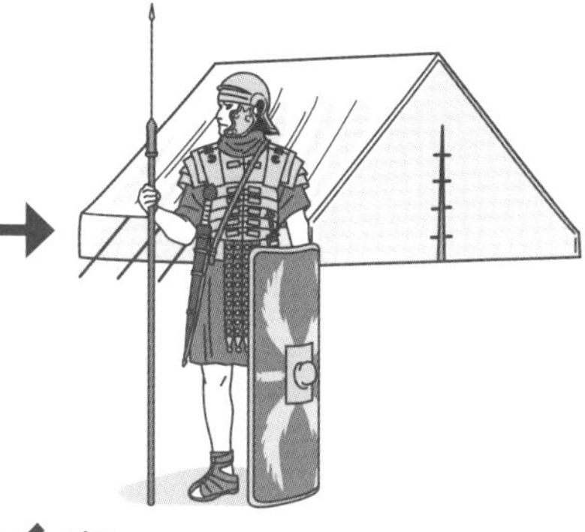

임무

조례 해산 후, 각각 맡은 일을 한다. 보초 당번의 경우 보루나 창고, 각 문의 경비를 서고 잡역 당번은 진영의 청소나 목욕탕 불 때기, 창고 관리를 했다.

훈련

검술과 투창 등의 훈련과 야외에서 진형을 짜서 행군, 전투 훈련을 했다. 훈련을 하루 종일 할 때도 있었다.

저녁식사

군단의 저녁식사는 고기, 치즈, 빵, 포도주가 기본 메뉴다. 지역에 따라 사냥해온 신선한 고기를 먹기도 했다.

취침까지

야간순찰 당번이 아닌 자는 밤 점검에 대비해 무구나 식기류를 정성스레 닦고 정리했다. 고향에서 온 편지에 답장을 쓰기도 하고 상관에게 허락을 받으면 외출도 가능했다.

방호구가 무거워 이동은 거북이처럼 느렸다

어느 시대? ▷	왕정기	공화정기	**제정기**

어느 계층? ▷	황제	**부유층**	**자유인**	노예

커다란 방패를 앞세우고 천천히 적진으로 향했다

로마 시대의 갑옷이라 하면 가장 먼저 로리카 세그멘타타(lorica segmentata, 판금갑옷)라고 불리는 철제 갑옷이 떠오를 것이다. 갑옷의 모양이 가재 같다고 묘사되기도 한다. 각 부위마다 준비된 가늘고 긴 철판을 몸의 라인에 맞추어 형태를 만들고 가죽 끈으로 고정했다.

로리카 하마타(lorica hamata, 쇄자갑/사슬갑옷)는 당시 병사들이 가장 많이 입었던 갑옷으로 보조군도 입었다. 비늘 모양의 금속 조각을 가죽 갑옷 위에 이어 붙인 로리카 스콰마타(lorica squamata)도 일부에서 사용되었다.

투구는 갈레아(galea)라고 하며 카시스(cassis)라고도 불린다. 사용자에 따라 모양이 다양했는데 기본적인 구조는 같다. 이마에는 머리 위에 받는 일격을 막기 위한 차양 모양의 보강재가, 목에는 기습공격에 대비한 목 보호대가 붙어 있다. 그 외에 볼 가리개와 깃털로 만든 술 장식이 달렸다.

로마군 중장보병이 쓰는 방패는 스큐툼(scutum)이라고 한다. 모양은 타원형이나 직사각형으로, 크게 휘어 있는 것이 특징이다. 제정기의 스큐툼은 3장의 나무 판을 정밀하게 맞추어 만들어졌다. 소재는 참나무나 자작나무가 많다. 또 방패 표면에는 군단과 소속마다 다른 문양이 그려져 있다.

중장보병은 밀집 태세로 진형을 짜고 적의 투석으로부터 몸을 보호하며 전진하는 테스투도(testudo, 귀갑대형)라는 전술을 썼다. 테스투도는 라틴어로 '거북'이라는 뜻으로, 천천히 착실하게 전진해 가는 모양이 거북과 닮아서 유래했다. 스큐툼은 뛰어난 방호구로 중장보병에게 없어서는 안 될 장비였지만 큰 만큼 무게도 상당해서 적과 뒤엉키는 상황에서는 맞지 않았다.

칼리가(caliga)라는 군화도 군장의 기본이다. 여러 개의 가죽 스트랩으로 만들어진 샌들로 검투사도 신었다.

방호구

장식에도 신경 썼던 로마군의 방호구

로마군의 장비는 직무에 따라 달랐다. 부유층 병사는 단단한 철제 갑옷을 입었다.

기수

전투 시에 부대의 상징인 깃발을 걸었다. 군단기는 부대의 보물이기도 해서 군단병의 최고위에 오른 자가 소지했다.

백인대장

군의 지휘관인 백인대장은 최고위를 상징하는, 말의 털 등으로 만들어져 가로로 퍼진 술 장식을 투구에 달았다.

검

기본적으로 글라디우스라는 검을 사용했다. 끈에 매단 칼집을 어깨에서 늘어뜨려 오른쪽 옆구리에 장착했다.

일반 군단병

중장보병의 일반적인 복장과 장비다. 투구와 철제 갑옷, 검과 방패를 들었다. 보조군 등의 경장보병들은 청동 갑옷(로리카 하마타)을 걸치고 정강이받이는 하지 않는 등 가벼운 복장이었다.

방패(스큐툼)

3겹의 나무 판으로 만들어진 튼튼한 방패로, 크기는 여러 가지로 적의 창끝과 화살로부터 몸을 보호한다. 표면에 부대의 문장이 그려지고 천이나 얇은 가죽이 덧대어지기도 했다.

창은 찌르는 무기가 아니라 던지는 무기였다

어느 시대? ▷	왕정기	공화정기	**제정기**

어느 계층? ▷	황제	**부유층**	**자유인**	노예

백병전의 주역 글라디우스와 필룸

전투 시 밀집대형을 이루어 전진하는 중장보병에게 고대 그리스 이래 사용하던 장검은 방해가 된다. 그래서 길이 약 20~30cm, 폭 약 5cm의 도신이 짧은 검 푸기오(pugio)가 쓰이게 되었다. 검은 양날로 단면은 평평한 다이아몬드형이었다. 검 끝은 날카롭고 뾰족했다. 소재로는 고탄소의 무쇠와 저탄소의 연철 합금이 사용되었다. 칼집을 매단 벨트를 어깨에서 늘어뜨려 오른쪽 옆구리 높은 위치에 착장했다. 그때 검을 뽑기 쉽게 칼집을 조금 앞으로 돌려놓았다.

로마군의 또 다른 주요 무기는 라틴어로 검을 의미하는 글라디우스(Gladius)다. 글라디우스를 처음 집어들면 그 무게로 인해 놀라게 된다. 그래서 다루기 쉽도록 자신에게 맞는 밸런스의 검을 찾아야 한다. 검을 휘두르다가 지치면 장시간의 전투에서 제대로 싸우기 어렵기 때문이다.

전술상 중요한 역할을 한 또 하나의 무기는 필룸(pilum)이다. 필룸은 150~200cm 길이의 투창으로 무거운 목제 자루에 날카로운 철제 창끝이 붙어 있다. 위력을 더하기 위해 둥근 납덩어리를 붙이기도 했다.

창은 원래 백병전(검으로 싸우는 전투)에서 쓰이는 무기인데, 투창인 필룸은 첫 전투에서만 쓰이는 한정적인 무기다. 즉 전초전에서 상대편 부대에 던지기만 하는 용도였다. 방패를 관통해 쓸모없게 만드는 일이 본래 목적이다. 또한 그렇기 때문에 중량이 있다. 잘 던지면 필룸의 날카로운 창끝이 적병의 몸을 관통하는 일도 있다. 한 전투에 한 번밖에 쓰지 못한다고 해도 그만큼의 위력이 있는 무기였다. 창을 일제히 던져서 적진이 무너지면 그때부터 본격적인 백병전이 시작된다. 방패를 앞세우고 돌진한 로마 군단 병사들은 글라디우스를 휘두르며 적진 깊숙이 전진했다.

무기

길이가 다른 무기를 전술에 따라 사용

로마군이 주로 사용한 무기는 검과 창으로, 검은 3종류가 있었고 군단에 따라 다른 검을 썼다.

검

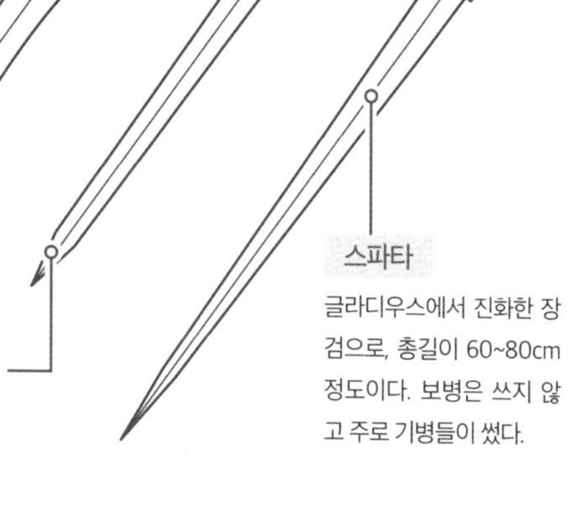

푸기오

주 무기를 보조하기 위해 휴대한 단검이다. 총길이 20~30cm, 폭은 5cm 이상으로 넓고 중앙 부분이 부푼 '나뭇잎형'이 특징이다. 찌르는 공격이나 마지막 일격을 가하기에 적합했다.

글라디우스

고대 로마를 대표하는 검이다. 총길이 50~70cm 정도로, 철제로 튼튼하게 만들어졌다. 접근전에서 쓰였고 소형 검에 속해, 밀집한 전투에서도 아군을 다치게 하지 않았다. '글라디우스'는 검투사를 뜻하는 글라디아토르(gladiator)에서 유래했다.

스파타

글라디우스에서 진화한 장검으로, 총길이 60~80cm 정도이다. 보병은 쓰지 않고 주로 기병들이 썼다.

창

필룸

중장보병이 사용한 투창으로 총길이 150~200cm, 무게는 2~4kg 정도이다. 뾰족한 끝부분은 마름모꼴이다. 돌격 공격 초반에 적을 향해 던지면 방패를 뚫을 정도의 위력이 있었다.

활

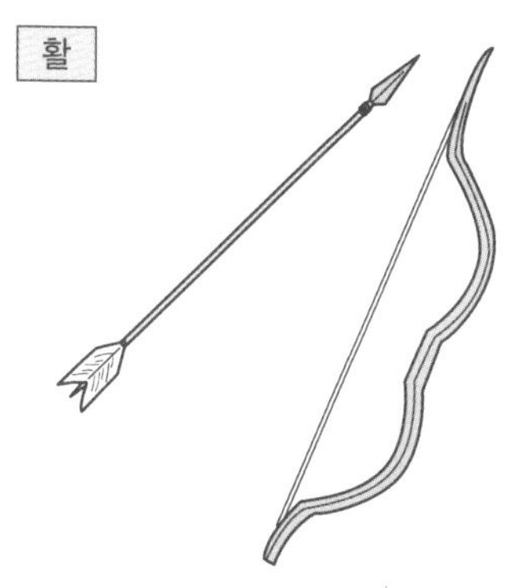

아르쿠스(arcus)

여러 가지 재료로 만든 합성 활로 주로 궁병이 사용했다. 활과 화살은 사지타(sagita), 궁병은 사지타리이(sagittarii)라고 했다.

행군 훈련은 32km를 5시간 동안 걷는 것이었다

어느 시대? ▷	왕정기	공화정기	**제정기**

어느 계층? ▷	황제	**부유층**	**자유인**	노예

로마군은 하루 아침에 이루어지지 않았다

최강 군단과 훌륭한 병사는 착실한 훈련으로 만들어지는 법이다. 로마군 병사들도 매일 훈련을 게을리하지 않았다. 훈련은 난이도에 따라 5가지 단계로 나누어진다.

시작은 행군이다. 5시간 동안 약 32km, 다음은 12시간 동안 약 64km이다. 이를 어렵지 않게 걷게 되면 거리는 다시 32km로 줄지만 이번에는 완전무장하고 행군에 나선다. 최강 군단에 어울리도록 질서정연하게 행군하게 되면 2단계로 넘어간다.

2단계는 나무기둥을 상대로 하는 무기 훈련이다. 검투사의 훈련에서 본딴 것으로, 검투사가 우수하다고 깨달은 가이우스 마리우스 장군의 군사 개혁에서 채용되었다. 표준장비보다 무거운 목제 검과 방패를 들고 몇 시간이나 나무기둥을 상대로 실전과 같은 공격을 했다.

실제 전투 훈련에서는 필룸(투창) 던지기부터 백병전 훈련을 본격적으로 시작한다. 강철이 아닌 가죽으로 끝을 마무리한 훈련용 필룸은 원래 장비보다 무겁다. 필룸을 두 손으로 번갈아 던지고 받는 훈련을 한다. 이것이 3단계다.

완전무장하고 전장을 이동하는 병사는 웬만한 체력으로는 버텨낼 수 없다. 무거운 무구를 몸에 걸치고 재빠르게 움직이려면 엄청난 체력과 민첩성이 필요하다. 막사마다 뜀틀이 설치되어 있는 이유는 그 때문이다. 4단계에서는 완전무장하고 뜀틀을 뛰어넘는 훈련을 한다. 익숙해지면 칼집에서 뺀 검이나 필룸까지 들고 뛰었다.

병사 개인의 훈련뿐 아니라 군단 전체의 전술 이해력도 높여야 한다. 5단계는 연병장과 들판에서 반복해서 하는 훈련이다. 부대가 마치 하나인 것처럼 명령받자마자 신속히 움직일 수 있게 하기 위해서다. 모든 병사가 전술을 이해하고 전장 전체를 하늘에서 조감하듯이 바라볼 수 있도록 하는 중요한 단계다.

훈련

기본 훈련은 먼저 걷기부터

강인한 로마군의 비결은 철저한 훈련에 있었다. 기초체력을 만드는 행군부터 진형 연습 등 엄격한 훈련을 했다.

행군

신병 부대는 반복해서 장거리를 걷는 훈련을 했다. 5시간 동안 약 32km, 12시간 동안 약 64km를 무장하고 걸어 전투 시의 장거리 이동에 대비했다.

나무기둥으로 검 훈련

나무기둥을 상대로 검을 사용하는 훈련을 했다. 훈련용 목제 검을 썼고 수평으로 내리치거나 찌르는 시늉을 하면서 돌진하는 훈련을 했다.

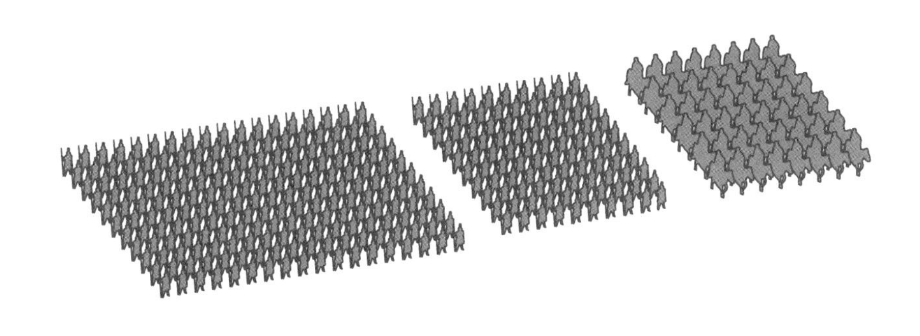

진형 연습

밀집대형 전술이 특기였던 로마군은 진형 훈련을 철저히 했다. 전투 시의 모든 상황에 대비해 여러 가지 진형 변형을 하는 훈련을 했다.

병사의 망토는 방수성은 좋지만 냄새가 무척 심했다

어느 시대? ▷	왕정기	공화정기	**제정기**

어느 계층? ▷	황제	**부유층**	**자유인**	노예

필요한 물건을 스스로 짊어지고 이동했다

공화정 말기 마리우스 장군의 병제 개혁은 훈련방법과 군단의 재편성에 그치지 않는다. 행군할 때 병사의 짐을 스스로 운반하게 한 것도 개혁 중의 하나였다. 그전까지 군장은 대열의 뒤에서 따라오는 하인들이 운반했는데, 그러면 본체 못지않은 기다란 열이 만들어진다. 그래서 병사 자신이 스스로 짐을 운반하도록 변경했다.

본인이 짐을 가지고 걷는다면 가능한 한 짐을 줄이고자 할 것이다. 그래도 약 30kg이나 되었던 최소한의 일상용품을 가득 채운 것이 사르키나(sarcina)라고 불렸던 짐꾸러미다. 이것은 짊어지지 않는다. 긴급상황일 때 어깨에서 빠르게 내려놓기 어렵기 때문이다. 그래서 직접 몸에 차서 운반하는 물품을 제외한 나머지는 푸르카(furca)에 동여매서 운반했다. 푸르카는 길이 1m 정도의 장대에 가로대를 걸어 십자형으로 만든 것이다. 여기에 물품들을 동여매었다. 또 장대 부분에는 돌라브라(dolabra)라는 곡괭이를 닮은 도구도 매달았다.

망토는 모직물이라서 무겁다. 가능하면 휴대하지 않는 것이 좋지만 그렇게 할 수 없는 경우도 있다. 필요할 때 병사는 둥글게 만 망토를 사르키나에 쑤셔넣었다. 당시에는 방수성을 높이기 위해 망토를 양털기름에 담갔는데, 고약한 냄새가 났다.

파테라(patera)는 행군하는 병사의 가장 중요한 아이템 중 하나다. 상황에 따라 컵이 되기도 하고 냄비나 사발로 쓰기도 하는 등 다양하게 쓰는 용기다. 지름이 약 18cm에 청동제로, 주석으로 안을 바르고 홈을 새겨 요리의 열이 전해지기 쉽도록 고안된 것이 좋은 물건이었다. 땅바닥에 내려놓는 일도 많으므로 밑이 둥근 것보다 평평한 것이 더 좋다. 제대로 만든 파테라는 튼튼했지만 무거웠다. 내구성이냐 무게냐 한쪽을 선택해야 했다.

필수품

행군 시 필수품은 최소 무게가 30kg!

로마군의 군장은 푸르카라는 나무 장대에 동여매어 운반했다. 식기와 식품, 도구 등을 들고 걸었다.

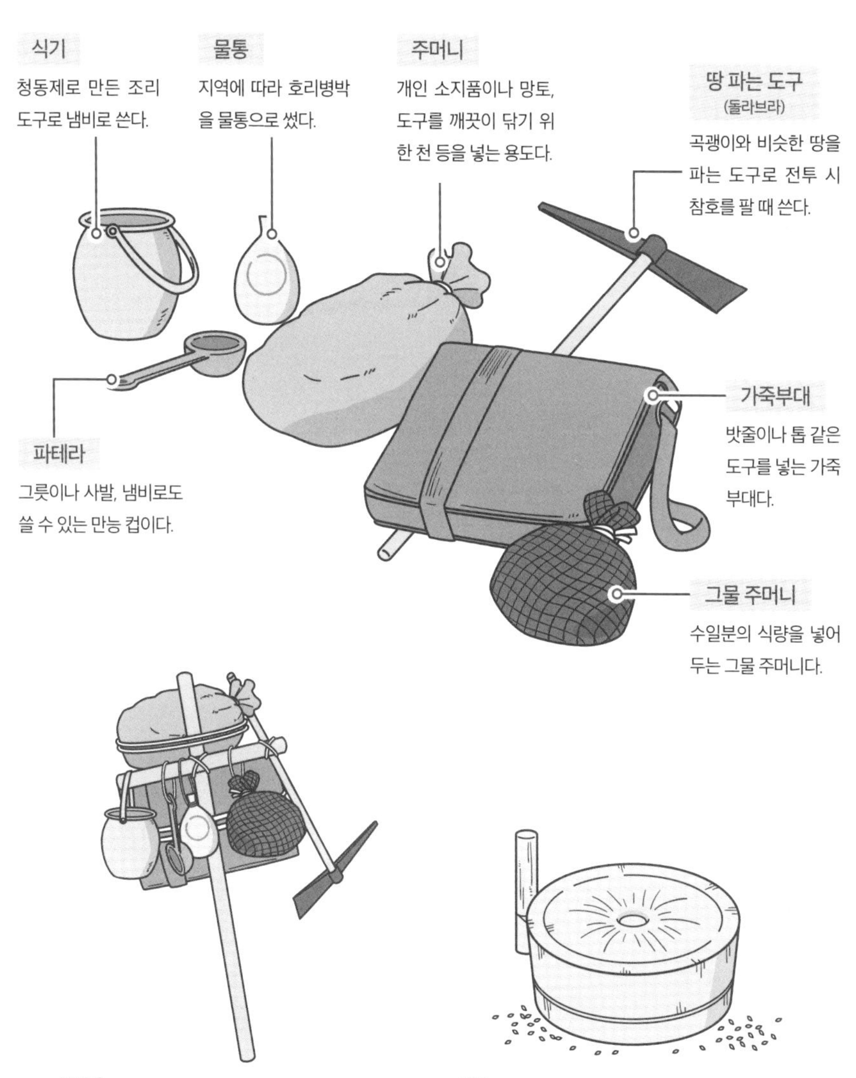

푸르카

장대에 가로대를 매달아 십자형으로 만든 막대로, 총길이는 1m 이상이다. 짐을 동여매어 어깨에 걸치고 걸었다.

맷돌

원정 중에는 작은 맷돌을 가지고 다녔다. 밀가루 같은 곡물을 가루로 빻아 반죽해 빵을 만들어 먹었다.

고대 로마 시대 전투 개시 신호는 빨간색 깃발이었다

어느 시대? ▷	왕정기	공화정기	**제정기**

어느 계층? ▷	황제	**부유층**	**자유인**	노예

전장에 포진했을 때부터 전투는 시작된다

포진부터 승부가 정해질 때까지 전투는 크게 3단계로 나뉜다. 1단계는 전투의 예비단계로 척후병이 적의 동정을 감시한다. 적군의 위치와 대강의 전력을 파악하는 것이 중요하다. 또 지형을 조사하기 위해 정찰대도 보낸다. 사령관도 척후병과 동행해 자신의 눈으로 상황을 확인하기도 했다.

적의 전의를 확인하기 위해 일부러 작은 싸움을 일으키는 경우도 있다. 전의가 없다고 보이면 기습공격을 검토했다. 개전이 가까워지면 전령이 진중을 오가고 장교들도 분주해진다. 드디어 장군의 천막에 붉은 깃발이 세워지면 전투 개시다. 병사들은 신속하게 주 무기를 들고 정해진 위치로 간다.

2단계는 전투의 초반전으로, 구령에 따라 진형을 굳힌 군단이 적군과 대치한다. 개전의 계기는 다양하지만 던지는 무기를 사용하면서 시작될 때가 많다. 이 싸움이 일단락되면 장군의 신호에 따라 군단이 조금씩 전진한다. 적진이 가까워지면 걸음속도를 늦추고 필룸(투창)을 있는 힘껏 내던진다. 여기서 적병이 가진 방패를 얼만큼 무효화시키느냐가 중요했다.

3단계는 본격적인 전투다. 검을 빼어든 로마군 병사들은 우렁찬 고함을 지르며 남은 거리를 정연하지만 단숨에 내달린다. 병사들은 마치 두터운 한 장의 벽처럼 되어 적진을 향해 부딪친다. 로마군의 가열찬 기세에 정면에서 다가오는 적은 버텨내지 못하고 바람에 휘날리는 가랑잎처럼 쓰러진다. 틈이 생긴 적진을 이번에는 제2진이 검을 휘두르며 헤쳐나간다.

드디어 진형이 흐트러지고 병사들은 기진맥진해진다. 그래도 아군끼리 떨어지면 안 된다. 전투 시 고립은 죽음을 초래한다. 승패가 정해진 뒤에는 도망치는 적을 쫓아가 베어 쓰러뜨린다.

전투 ① 준비

적진 정찰하기와 해자 메우기

전투가 시작되기 전에 정찰과 토목작업을 한다. 로마군의 건설기술은 매우 수준이 높아서 빠른 속도로 외벽을 쌓았다.

교섭과 정찰

적의 도시를 무혈로 함락시키려고 상대가 항복하도록 교섭하는 경우가 있다. 또 본격적인 전투 전에 적진을 정찰했다.

토목작업

교섭이 진행되는 사이 공성용의 토목작업을 했다. 수천 명의 병사가 화살을 발사하는 대형 병기인 발리스타(ballista)를 조립하고 공성벽과 성루를 건설했다.

외벽

장기 공성의 경우 도시에서 사람이 나오지 못하도록 포위망인 외벽을 쌓았다. 외벽은 탈출을 막기도 하고 외부로부터의 식량 공급을 중지시키는 효과도 있었다. 건설 작업의 속도는 대단히 빨라서 길이 약 8km의 벽을 1주일 만에 쌓았다고 한다.

전투 ② 공격

저주의 주문이 새겨진 돌 던지기

공성전에서는 위력이 높은 대형 병기를 쓰거나 살상 능력이 높은 돌팔매질을 했다.

발리스타

돌이나 화살을 멀리 날리는 대형 병기로 '비틀기 방식'이라고 하는 구조로 만들었다. 탄력 있는 동물의 힘줄이나 머리털을 비틀어 감은 줄의 장력을 동력으로 하는 방식이다.

돌 던지기

투석수는 살상 능력이 높은 둥근 납 돌멩이로 돌팔매질을 했다. 돌멩이에는 "너에게 저주가 내릴지어니"라는 저주의 말을 새겼다.

불

불화살을 쏘아 적의 목조 공성기에 불을 붙였다. 마을에 불을 지르기도 했다. 방위 측은 공성기에 소가죽을 덮어 씌워 불이 붙는 것을 막았다.

사다리로 벽 타기

적의 성벽에 사다리를 걸고 일제히 기어오르기도 했다. 사다리가 너무 길면 병사들의 무게로 끊어지는 일도 자주 있었다.

전투 ③ 대규모 전투

처음에 돌격하는 것은 젊은 병사들

질서정연한 진형을 짠 5,000명의 병사들이 적과 대치했다. 하나의 군단은 3열로 이루어져 거대한 벽을 만들어 앞으로 돌격했다.

돌격

밀집대형을 만든 로마군은 마치 두터운 벽처럼 되어 적진으로 돌진했다. 첫 번째 열이 흐트러지면 두 번째 열이 앞으로 나가 싸우고, 두 번째 열이 무너지면 마지막 세 번째 열이 돌격하는 전투방식이었다.

진형

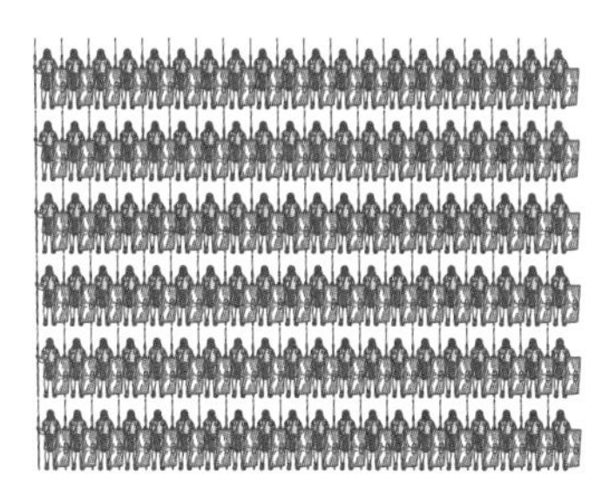

마니풀루스

하나의 부대를 마니풀루스라고 한다. 1마니풀루스는 2대의 백인대(1대에 60명)로 구성되어 모두 120명이었다. 하나의 군단은 30마니풀루스와 경장보병, 보조군, 기병 등을 합하여 4,200~5,000명이었다고 한다.

3열 구성

1군단은 30개의 대가 있었고 3개의 열로 구성되었다. 제1열은 가장 젊은 병사인 하스타티, 제2열은 중견병사인 프린키페스, 제3열은 베테랑 병사인 트리아리였다. 1군단은 옆으로 10대씩 3열로 늘어섰다.

포도주나 술을 소독약처럼 사용해 상처에 발랐다

어느 시대? ▷	왕정기	공화정기	**제정기**

어느 계층? ▷	황제	**부유층**	**자유인**	노예

전장에서 다치면 의사나 위생병이 치료했다

전쟁의 판도가 정해진 뒤 패자는 승자에게 인정사정없는 추격을 당했다. 부상자를 상대할 여유가 없었다. 아무리 큰 부상을 당했다 해도 자신의 진지로 돌아갈 수만 있다면 행운이라고 여겨야 했다. 그러나 부상 정도에 따라 가벼운 처치로는 부족해 수술이 필요한 경우도 있다. 그래서 군단에는 전문 의료인이 있었다.

칼에 의한 상처는 보조군인 위생병이 치료했다. 이때 포도주나 식초, 올리브유를 소독약으로 썼다. 소독한 기구를 이용하여 상처를 봉합하고 상처 위에는 아마포로 만든 붕대를 감았다. 출혈이 계속되면 혈관을 묶었다. 때로는 뜨겁게 달군 쇠로 혈관을 지지는 일도 있었다.

화살에 의한 상처는 메디쿠스(medicus)라 불리는 의사가 치료를 담당했다. 메디쿠스는 백인대장과 동등한 계급이었고 의학 훈련을 받은 이들이다. 메스나 겸자, 수술 부위를 여는 도구 등은 당시에도 있었다. 전용 의료기구를 이용해 화살을 뽑고 끊어진 힘줄을 이었다. 또 성공률은 낮았지만 장이나 복강 내의 수술을 시도하는 경우도 있었다. 마취약으로는 주로 양귀비즙이 쓰였다. 사리풀(가지과의 식물)의 씨를 쓸 때도 있었다. 그러나 현재의 마취와는 의미가 다르다. 의사에게는 울부짖는 환자를 앞에 두고 냉정히 처치하는 강한 정신력도 필요했다.

전쟁과 뗄 수 없는 사회에서 병사의 존재는 극히 중요하다. 전투에서 부상당한 자는 밝고 청결한 병원에서 적절한 치료를 받게 했다. 장군이 자주 병문안을 가는 이유도 병사가 로마군의 전력으로서 존중받았기 때문이다. 상처가 나을 때까지 극진한 간호를 받을 수 있는 이유도 병사가 다음에 다시 목숨을 걸고 싸우기를 기대하기 때문이다.

당시 소독액은 포도주, 식초, 올리브유

로마군에는 부상자를 치료하는 위생병이 있었다. 중상자를 수술할 때는 여러 도구가 쓰였다.

응급진료소

전장의 의료
상처의 치료는 주로 보조군의 위생병이 했다. 포도주나 식초, 올리브유를 소독액으로 상처를 소독하고 아마포 붕대로 감았다. 출혈이 멈추지 않으면 달군 쇠로 상처 부위를 지졌다.

도구

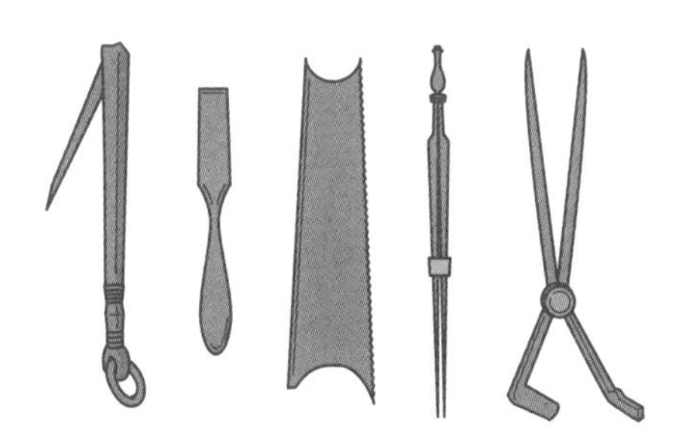

메스와 겸자
수술은 의학 훈련을 받은 사람이 했다. 절개용 메스와 체내에서 화살을 뽑기 위한 겸자 등 여러 도구를 이용했다.

로마 FILE

당시의 마취약은 아편과 사리풀이었다

로마 시대에는 전신마취약이 없어서 마취제 대신에 환각작용을 일으키는 아편이나 사리풀을 사용했다. 그 외에 포도주 같은 알코올을 마시게 하여 통각을 둔하게 하는 방법도 썼다. 그러나 수술 중에는 통증이 심해 환자가 날뛰지 않도록 온몸을 침상에 묶은 후 처치했다고 한다.

규율을 위반한 자는 화장실 청소를 했다

어느 시대? ▷	왕정기	공화정기	**제정기**

어느 계층? ▷	황제	**부유층**	**자유인**	노예

보초를 서다 졸면 사형에 처했다

군대는 규칙을 중시한다. 로마군도 규칙 위반자는 범한 죄의 무게에 따라 벌을 받았다. 가장 가벼운 벌이 질책과 벌금이다. 질책은 백인대장이 포도나무 가지로 만든 몽둥이로 위반자를 한 번 혹은 심하게 때리는 벌이다. 또 장비를 잃어버리거나 시민과 소동을 일으켰을 때 손해분을 급료에서 지불하게 하는 것이 벌금이다.

노역은 근무를 해서 갚는 벌이다. 마구간이나 화장실 주변 청소 등이다. 여성과 같은 튜니카 차림으로 보초를 서게 하는 벌도 있다. 일종의 모욕감을 주는 벌이라고 할 수 있다. 백인대장에게 뇌물을 주고 벌금형으로 감면받기도 했다.

앞에서 정리한 것은 비교적 경미한 벌이다. 지금부터 나열하는 것은 중대한 벌칙이다. 먼저 군무 변경으로, 계급이 박탈되어 병역 최대의 이익인 장기근무에 따른 특전을 잃는다. 계급이 하락하기도 한다.

질책은 벌로서는 경미하나 보초 중 조는 등 근무 태만이 명확한 경우에 집행되는 장형은 수위가 다르다. 특히 출진 중이라면 목숨, 즉 사형에 처해진다. 군사 재판에서 유죄 판결이 내려지면 먼저 지휘관이 해당 병사를 부대 전원 앞에서 비교적 가볍게 때린다. 그 후 동료 병사들에게 그를 몽둥이나 돌로 때리고 걷어차게 해 마지막 처리를 맡긴다.

부대 단위로 행동하는 병사에겐 공동 책임을 지는 집단 처벌도 있다. 식사에 육류가 빠지거나 급료 감봉은 양호한 편이다. 더 무거운 벌은 진영에서 쫓겨나 담이나 성벽 밖에서 자게 하는 것이다. 또 반역행위를 저질렀을 때 부과되는 '십분의 일형(十分の一刑)'도 있다. 처벌대상인 부대를 10명씩 조를 짜고, 그중에서 무작위로 1명을 뽑아 나머지 9명이 뽑힌 1명을 때려 죽이는 벌이다. 살아남은 9명도 진영 밖으로 쫓겨났다.

처벌

졸면 아웃! 매질로 너덜너덜

로마군에는 규율 위반이나 직무 태만에 대한 여러 가지 처벌방법이 있었다. 극형은 죽을 때까지 집단으로 매질을 당하는 벌이다.

질책

누구나 한번은 받는 벌로, 지각 등 가벼운 위반의 경우 백인대장이 들고 있던 몽둥이(포도나무 가지)로 맞았다.

노역

사소한 규율 위반으로 여분의 근무를 하게 하는 벌이다. 화장실 주변 청소라든지 굴욕적인 옷차림으로 근무하게 하는 일이 자주 있었다.

집단 처벌

부대에서 규율 위반을 한 경우 진영의 해자 바깥으로 쫓아내 천막에서 자게 했다. 그 외에도 경미한 벌을 동반할 때가 많았다.

장형

보초를 서다 졸았을 때 부대원 앞에서 반복해서 매질을 했다. 반란 같은 중죄를 범한 경우는 사형에 처해 동료 병사로부터 죽을 때끼지 걷어차이거나 매질을 당했다.

병사가 퇴역하면 나라에서 연금이 지급되었다

어느 시대? ▷	왕정기	공화정기	**제정기**

어느 계층? ▷	황제	**부유층**	**자유인**	노예

25년간의 군생활을 마치고 자유를 얻었지만…

병사가 제대할 때 군단 기록부에는 다음의 4가지 항목 중 하나로 기재된다. 명예제대, 부상제대, 불명예제대, 그리고 사망이다.

병역을 무사히 완수하는 것이 명예제대다. 황제와 군이 근무를 인정해 많은 포상금을 수여한다. 또 연금도 전액 지급된다. 부상을 당해 군무 부적당에 해당하는 제대가 부상제대다. 가벼운 장해여도 임무 수행이 어렵다고 판단되면 제대한다. 이것도 명예제대에 포함되며, 근무기간에 따라 연금을 받을 권리가 있다.

명예제대의 반대가 불명예제대다. 병사로 부적격한 인물이라는 낙인이 찍혀 다른 공무에 취임하는 길도 막히고, 로마에 살 수조차 없게 된다. 그다음 사망은 말할 것도 없다. 군대를 떠나는 하나의 방법이긴 하지만, 가능하면 누구나 피하고 싶은 운명이다.

25년은 길다. 청춘의 거의 대부분을 군생활에 바치는 것이다. 군에서 해방된 기분은 한마디로는 표현하기 어려울 테다. 아침부터 밤까지 임무에 쫓기지 않아도 된다. 나팔 소리에 기지개를 펼 일도 이제 없다.

이 시점에서 전역 병사는 망설인다. 자유를 얻은 일은 기쁘지만 이제 뭘 해야 할까? 미래가 불투명한 시민생활을 앞에 두고 망연자실해졌다면 다시 막사로 돌아가는 것도 하나의 방법이다. 퇴역할 때 40대라면 아직 당분간은 버틸 만하다. 혹은 연금을 밑천으로 장사를 시작해도 좋다. 지인이 많은 막사에 물자를 제공하는 업자가 되는 방법도 있다. 물론 결혼도 좋겠다.

제대할 때 특별히 증서를 받지는 않는다. 보조군 병사에게만 제대를 기록한 청동판을 준다. 그보다 더 좋은 특전은 로마 시민권이다. 여기에는 반역의 싹을 억누른다는 숨은 이유가 있다. 군생활에서 얻은 지식을 고향에 돌아가 악용하지 않게 하기 위한 보상이었다.

제대

병사들의 제대 후 선택지

병역을 마친 후에는 결혼하거나 새로운 사업을 시작했다. 동맹국의 제대 병사가 반란을 일으키는 경우도 있었다.

제대

부상제대

심한 부상을 당한 경우 제대했다. 부상자는 의사의 철저한 검사를 받고 장래성이 없는 자는 근무를 계속할 수 없었다.

불명예제대

모반이나 상관에게 불복종한 죄 등 중죄를 범하면 제대시켰다. 병사에게 심한 매질을 하고 불명예의 표시로 평생 없어지지 않는 흉터를 남겼다.

제대 후

결혼

막사 밖에 사실상의 아내가 있는 병사가 많았다. 정복한 영지에서 결혼한 후 새로운 시작을 하는 사람도 있었다.

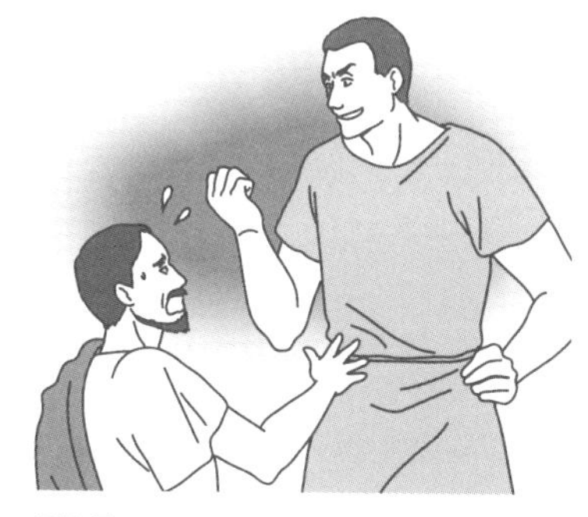

도둑, 적

제대 후에 도둑이 되어 못된 짓을 일삼는 병사도 있다. 또 동맹국 보조군이었던 병사들이 제대 후에 만든 게릴라 부대 때문에 로마군이 하마터면 패배할 뻔하기도 했다.

column ④

대제국의 황제여도 반드시 전쟁터에 나갔다

황제는 위험을 무릅쓰고 전장에 나가 병사를 격려했다

로마 황제는 전투 시기에 왕좌에 앉아서 그저 전쟁이 끝나기만을 기다리지 않았다. 당시의 황제는 한 국가의 정상에 군림하는 자이면서, 군을 통솔하는 최고사령관이기도 했다. 그래서 스스로 군대를 이끌고 전지에 부임하는 일도 드물지 않았다.

황제가 전장에 갔다고 해도 실제로 검을 들고 싸우지는 않는다. 하지만 나라를 위해 싸우는 병사를 인솔하는 사령관으로서 승리를 위해 병사들을 격려하고 위로하는 일은 시간도 들고 위험도 동반한다. 보통 사람 입장에서 대화는커녕 한 번 보기조차 어려운 구름 위의 존재인 황제가 자신들을 위해 위험을 무릅쓰고 전쟁터에 와주었다는 사실은 많은 병사들에게 용기와 활력을 주었음에 틀림없다.

SPECIAL EDITION ②

고대 로마를 더욱 잘 알게 되는

라틴 문학과 유적

라틴 문학은 근대 유럽 문학의 기초가 된 철학, 미술, 예술작품으로 다수의 훌륭한 시와 희곡, 소설이 전해진다. 또 수없이 많은 로마의 역사 유적이 현대에도 남아 있다. 고대 로마를 더 속속들이 알 수 있는 대표 작가와 유적에 대해 알아보자.

키케로

Marcus Tullius Cicero, 기원전 106~기원전 43

작품: 『국가론』

로마의 기사 집안에서 태어난 키케로는 정치가이자 사상가였다. 웅변가로도 유명한 그는 25세에 변론가가 되어 수많은 성공을 거두었다. 당시 최고의 변론가로 평해지는 호르텐시우스와 속주 총독 고발사건을 두고 벌인 논쟁에서, 키케로가 승리를 거둔 에피소드가 유명하다. 이는 「베레스의 탄핵 연설」로 정리되어 당시 로마의 속주 지배에 관한 귀중한 자료로 여겨지고 있다.

변론가로서는 시작이 늦었다

키케로의 스승이었던 루키우스 크라수스는 20세, 호르텐시우스는 19세에 변론가가 되었으므로 그다지 빠른 데뷔는 아니었다.

대 플리니우스

Gaius Plinius Secundus, 기원후 23~기원후 79
작품: 『박물지』

젊은 시절에 문학과 법률, 웅변술 등 다방면에 걸친 교양을 익혔던 대 플리니우스는 군인 훈련도 받았다. 23세부터 10년쯤 장군으로 활약한 후 학자로서의 타고난 천성을 발휘해 『박물지』라는 백과사전을 간행한다. 이 책은 천문학과 식물학, 약학부터 조각 같은 예술 분야까지 광범위하게 다루어 지금도 권위 있는 과학서적으로 평가받는다.

의외의 사망 원인

79년, 이탈리아 고대도시 폼페이를 덮친 분화에 휩쓸린 대 플리니우스는 천식환자이기도 해서 연기를 들이마시고 목숨을 잃었다고 한다.

베르길리우스

Publius Vergilius Maro, 기원전 70~기원전 19
작품: 『아이네이스』

시골 농가에서 태어난 베르길리우스는 로마 고전기를 대표하는 시인이다. 로마에서 수사학을 배웠지만 내성적인 성격으로 인해 변론으로 출세하기를 그만두고 시인으로 전향했다. 그 후 그는 평생 시를 썼다. 전쟁에 패하고 방랑길에 오른 남자가 로마의 건국 시조가 되기까지의 여정을 그린 장편 서사시 『아이네이스』는 라틴 문학의 최고 걸작으로 평해진다.

『아이네이스』는 사실 미완성이었다

11년에 걸쳐 쓰인 『아이네이스』는 미완의 작품으로 그의 유작이기도 하다. 본인은 이 작품을 불태우기 원했지만 아우구스투스 황제의 명령으로 간행되었다.

수에토니우스

Gaius Suetonius Tranquillus, 70?~?
작품: 『황제전』

로마의 기사계급 집안에서 태어난 수에토니우스는 로마 제정 초기의 전기작가로 알려져 있다. 그는 황제의 비서를 지내다가 해고당하고 나서 집필에 열중했다. 현존하는 그의 두 작품 때문에 전기작가의 이미지가 강하지만, 실은 전기 외에도 수많은 분야의 저서가 있다. 가장 유명한 전기 <황제전>은 황제 12명의 풍부한 일화를 실어 황제에 대한 후세의 이미지에 큰 영향을 끼쳤다.

수에토니우스는 상당히 장수했다
수에토니우스는 오래 살았다고 하는데, 말년은 수수께끼에 싸여 있고 사망한 해도 기원후 122년 이후라는 사실밖에 알려져 있지 않다.

오비디우스

Publius Ovidius Nasō, 기원전 43~기원후 17
작품: 『변신 이야기』

로마 제정 초기에 활약한 연애시인 오비디우스는 『사랑도 가지가지』, 『여류의 편지』 같은 작품이 로마 상류사회 사람들에게 인기를 얻어 유명인이 되었다. 그러나 아우구스투스 황제가 풍기문란 단속 정책을 펴자 평판이 급락했다. 오비디우스는 외국으로 추방되었고 끝내 귀국하지 못했다. 그가 집필한 『변신 이야기』는 구약성서와 유사한 점이 많아 많은 유럽인들이 애독했다.

오비디우스는 예술가에게도 영향을 끼쳤다
『변신 이야기』는 르네상스 예술가들의 신화적 소재가 되었고 셰익스피어도 큰 영향을 받았다고 한다.

페트로니우스

Gaius Petronius Arbiter, ?~기원후 66
작품: 『사티리콘』

시인이면서 네로 황제의 측근이었던 페트로니우스는 황제에게 '우아한 심판관'이라고 불리며 총애를 받다가 반역 혐의로 인해 자살하도록 명받는다. 서양 최초의 소설이라 불리는 『사티리콘』은 당시 만연한 악덕을 픽션 형식으로 풍자한 작품이다. 또 그의 작품은 제1급 로마 풍속자료로 매우 귀중히 여겨진다.

사치스러운 생활
황제에게 총애받은 페트로니우스는 매일 오락과 유흥에 탐닉하는 사치스러운 생활을 했다. 하지만 맡은 직무에는 매우 열심히 임했다고 한다.

리비우스

Titus Livius, 기원전 59~기원후 17
작품: 『로마사』

역사가 리비우스는 로마에 오래 살았지만 공직에 취임하지도 않고 정치 · 군사와 관련된 체험 역시 하지 않았다고 전해진다. 아우구스투스 황제의 문학 서클에서 40년의 세월을 보낸 그는, 아우구스투스가 로마를 통일하기까지의 역사를 기술한 『로마사』로 유명하다. 키케로의 문체를 모방한 리비우스의 글은 라틴 문학의 대표로 구전되고 있다.

『로마사』는 142권에 이르는 초대작
모두 142권짜리 대하 역사서인 『로마사』 중에서 현존하는 책은 35권뿐이다. 나머지는 요약본만 남아 있다.

죽기 전에 꼭 가봐야 하는

고대 로마 유적

로마에는 마치 고대로 시간여행을 간 듯한 분위기의 유적이 많이 존재한다. 그중에서도 특히 방문하면 좋은 관광 명소를 소개한다.

콜로세움

일찍이 수많은 로마 시민이 열광했던 오락시설

약 2000년 전에 투기장으로 지어진 콜로세움은 세계유산에도 등록되었고 지금도 매일 관광객이 행렬을 이룰 정도로 이탈리아를 대표하는 관광 명소다. 현재 콜로세움의 장대한 외관은 물론 당시 그대로인 채 남아 있는 내부 관객석과 수많은 싸움이 벌어졌던 경기장 아래 지하시설까지 볼 수 있다. 수용 인원은 4만 5,000명이고 최상층의 입석은 5,000명이다.

포룸 로마눔

고대 로마의 중심지

다양한 건물터가 늘어선 포룸 로마눔은 모든 것이 남아 있지는 않지만 지금도 충분히 당시 생활을 엿볼 수 있는 명소다. 정치와 신앙, 상업 관련 시설이 몰려 있었다. 황제들은 사후에도 사람들의 기억에 계속 남는 것이 성공이라고 생각했다. 11대 황제 도미티아누스가 건설한 그의 형 티투스의 개선문은 지금도 포룸 로마눔에 남아 있다.

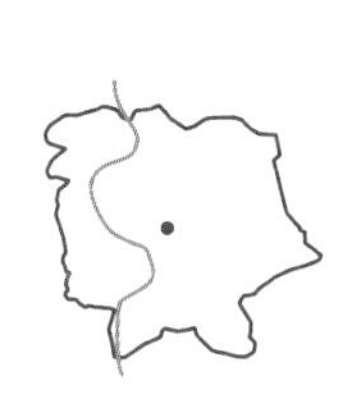

팔라티누스 언덕

로마에서 가장 오래된 지역

포룸 로마눔을 한눈에 조망할 수 있는 이곳은 로마에서 가장 오래된 언덕으로, 고대 로마 시대의 고급 주택지 및 역대 황제의 공관과 사저 터가 늘어서 있다. 현재에도 1세기에 도미티아누스 황제가 건설한 궁전과 초대 황제 아우구스투스 저택 터 등 유명한 황제가 남긴 건축물을 볼 수 있다. 팔라티움(궁전)이 많이 건설되었으므로 '팔라티누스 언덕'이라는 이름이 붙여졌다.

판테온

로마 시대의 걸작이자 세계 최대의 종교시설

2000년도 전에 지어진 판테온은 현존하는 석조 건축 중에서는 세계 최대급 규모의 건축물로 현재에도 매우 인기 있는 명소다. 판테온은 모든 신들을 모신 곳으로 지어졌다는 설이 있다. 그리스도교가 국교화된 후에는 가톨릭 성당으로 개축되어 그 모습을 남기고 있다. 판테온은 건물의 규모와 건축에서 보이는 역사적 의미 외에도 종교적으로도 주목을 받고 있다.

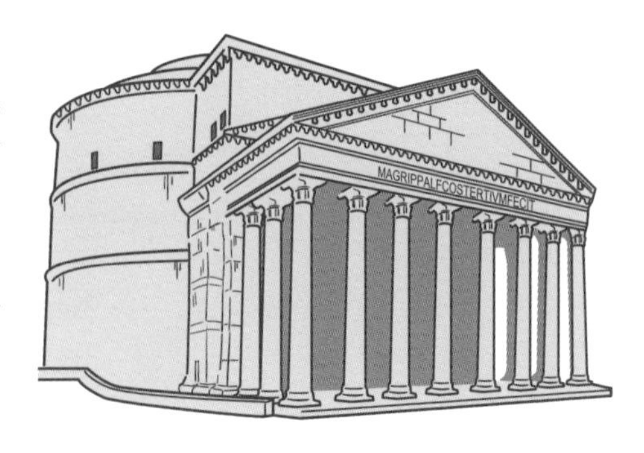

포룸 트라이아니

시민의 휴식처

포룸 트라이아니(Foro di Traiano)는 '트라야누스의 포룸'이라는 뜻으로 고대 로마를 대표하는 유명한 건축물 중 하나다. 전쟁의 승리를 기념하여 오현제 중 한 명인 트라야누스의 명으로 건설되었다고 전해진다. 현대의 쇼핑몰 같은 역할을 했던 공공광장 포룸 트라이아니는 매일 수많은 시민으로 북적였다.

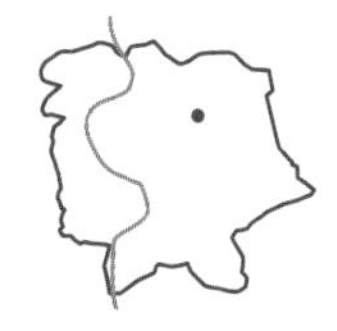

콘스탄티누스 개선문

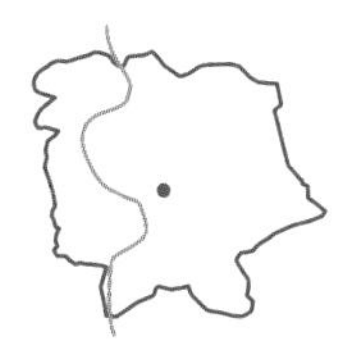

로마에서 가장 큰 건축물로 사진 찍기 좋은 장소

4세기 초의 황제 콘스탄티누스가 전쟁 승리를 기념해 세운 개선문은 로마에서 가장 큰 건축물이다. 보존상태도 좋고 개선문을 배경으로 사진을 찍으면 잘 찍힌다고 평이 좋다. 또 다른 황제가 남긴 기념비 몇 개가 이 개선문으로 옮겨져 고대 로마 시대 예술의 변천을 감상할 수 있다.

아르젠티나 신전 유적

현재는 고양이 보호구역이 된 신전 터

판테온에서 도보 5분 이내에 있는 아르젠티나 신전(Largo di Torre Argentina) 터는 신전의 모습이 남은 돔 모양의 유적이다. 무너진 돌기둥과 썩은 벽돌담 등 시간의 흐름이 여실히 느껴지는 풍경을 구경하려고 많은 인파가 몰린다. 또 현재는 많은 길고양이를 보호하는 쉼터로 활용되어, 기분 좋게 일광욕하는 고양이를 보며 마음이 편해지는 곳이기도 하다.

산탄젤로 성

황제의 묘로 지어진 성스러운 천사의 성

원래 고대 로마 황제의 묘소였던 산탄젤로 성은 후일 요새나 황제의 피난소 혹은 감옥으로 이용되기도 했다. 시대가 흐르며 용도를 바꿔 현대까지 모습을 남긴 산탄젤로 성에 이어진 다리 위에는 천사상이 있고, 성 꼭대기에도 칼을 쥐고 있는 대천사 미카엘 상이 세워져 있다. 산탄젤로는 이탈리아어로 '성스러운 천사의 성'이다. 이름 그대로 천사가 지켜주는 모습이 인상적인 성이다.

아피아 가도

사람의 손으로 만들어진 기나긴 돌길

고대 로마에는 모두 수작업으로 만들어진, 총 길이 15만km에 달하는 로마 가도가 존재한다. 그중에서도 가장 역사가 오래된 길이 아피아 가도이다. 곧바로 뻗은 길을 걸으면 수많은 유적을 지나 당시 최고 기술이었던 수도교까지 산책할 수 있다.

카라칼라 목욕탕

야외 오페라도 즐긴 휴식 공간

제22대 카라칼라 황제가 건설한 카라칼라 목욕탕은 저렴한 요금으로 누구나 입장할 수 있어 매일 많은 로마 시민으로 붐볐다. 목욕탕 외에도 도서관과 극장, 집회장까지 있어 시민들의 진정한 휴식처였다. 시대가 흐르며 사용하지 않게 되었는데 현재에도 목욕탕 장식 등이 남아 있다.

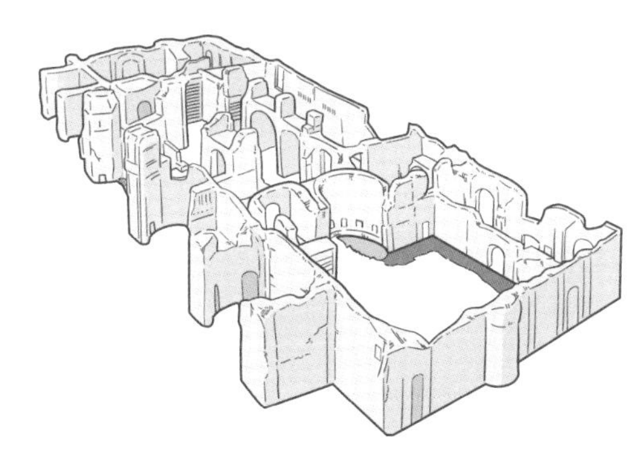

고대 로마 시대 연표

※ 시대 구분은 서양사를 기준으로 함

시대	연도	역사
왕정기	기원전 753	로마 왕국 건국(전승)
	509	공화정 개시. L. 유니우스 브루투스, 타르퀴니우스 콜라티누스가 초대 집정관에 취임(전승)
공화정기	312	아피우스 클라우디우스가 아피아 가도 건설 개시
	272	이탈리아 통일
	264	제1차 포에니 전쟁(~기원전 241)
	218	제2차 포에니 전쟁(~기원전 201)
	215	제1차 마케도니아 전쟁(~기원전 205)
	202	대 스키피오, 자마 전투에서 한니발 격파
	202	로마의 초기 은화 발행
	201	카르타고 항복
	200	제2차 마케도니아 전쟁(~기원전 197)
	199	극작가 나에비우스(기원전 269~) 서거
	197	제2차 마케도니아 전쟁(기원전 200~) 종결(아드리아해와 이오니아해가 '로마의 호수' 가 됨)
	192	시리아 전쟁(~기원전 188)
	186	아이밀리우스 파울루스, 피드나의 전투에서 마케도니아 왕 페르세우스를 격파하고 마케도니아가 멸망함
	184	카토, 감찰관에 취임, 대 스키피오, 리테르눔에 은둔
	182	사치 금지에 관한 오르키우스 법(연회 인원수 제한)
	171	제3차 마케도니아 전쟁(~기원전 168)
	161	사치 단속에 관한 파니우스 법(연회 비용 제한)
	160	아이밀리우스 파울루스의 장례(테렌티우스의 희극 「형제」 상연)
	149	제4차 마케도니아 전쟁(~기원전 148)과 제3차 포에니 전쟁(~기원전 146)

공화정기		
	146	카르타고 멸망. 코린토스를 파괴하고 아카이아 속주 지정
	143	사치 금지에 관한 디디우스 법(파니우스 법을 이탈리아 전역에 적용)
	135	제1차 시칠리아 노예 반란(~기원전 132)
	133	호민관 티베리우스 그라쿠스 토지 개혁 실시
	132	호민관 가이우스 그라쿠스, 형 티베리우스의 개혁 지속(~기원전 122년)
	121	집정관 오피미우스, 독재관에 취임해 그라쿠스 파를 탄압(양질의 포도주가 생산된 해)
	107	누미디아 왕 유구르타가 로마에 인도됨
	104	제2차 시칠리아 노예 반란(~기원전 100)
	91	동맹시 전쟁(~기원전 88)
	80	폼페이, 로마 식민지가 됨
	74	제3차 미트리다테스 전쟁(~기원전 63)
	73	스파르타쿠스의 반란
	63	키케로, 카틸리나를 탄핵
	60	카이사르, 크라수스, 폼페이우스의 제1차 삼두정치 성립
	58	카이사르의 갈리아 원정
	55	폼페이우스, 최초의 석조 극장 건설
	52	밀로가 클로디우스를 살해, 키케로가 밀로를 변호
	49	카이사르가 루비콘강을 건너고 내란 발발(~기원전 48)
	48	파르살루스 전투(카이사르, 폼페이우스에 승리)
	44	카이사르가 종신독재관에 취임하나 암살당함
	43	옥타비아누스, 안토니우스, 레피두스의 제2차 삼두정치 성립
	42	필리피 전투(옥타비아누스와 안토니우스, 브루투스에 승리). 아그리파, 율리우스 수도(水道) 준공

공화정기	31	악티움 해전
	30	아우구스투스, 이집트를 정복해 황제 직할 속주로 지정, 프톨레마이오스 왕조 멸망
	27	옥타비아누스가 원로원으로부터 '아우구스투스' 칭호를 받고 제정 개시
제정기	25	아그리파, 로마시 최초의 공중목욕탕 건설 개시
	23	아우구스투스, 호민관 직권과 상급 프로콘술(proconsul, 콘술 대행) 명령권을 부여
	18	혼인계층에 대한 율리우스 법(혼인과 출산 장려), 간통 규제에 관한 율리우스 법 제정
	6	티베리우스, 로도스섬에 은거
	2	나우마키아(naumachia, 모의해전) 개최
	기원후 6	아우구스투스, 자유민으로 경찰소방대 편성
	9	파피우스 포페이우스 법으로 혼인계층에 대한 율리우스 법 수정
	14	아우구스투스 황제의 사망과 티베리우스 황제의 즉위
	30년경	그리스도 처형
	37	티베리우스 황제의 사망과 칼리굴라 황제의 즉위
	41	칼리굴라 황제의 암살과 클라우디우스 황제의 즉위
	48	클라우디우스의 비 메살리나 처형(클라우디우스는 다음 해 조카인 소 아그리피나와 결혼)
	52	클라우디우스 수도와 신 아니오 수도 준공(모두 칼리굴라가 38년에 착공)
	54	클라우디우스 황제의 사망과 네로 황제의 즉위
	60	네로, 마르스 들판에 종합체육시설(공중목욕탕, 운동장) 완성
	64	로마 대화재 발생, 네로 황제가 그리스도교 박해 시작
	65	세네카 자살
	68	갈리아 총독 빈덱스가 네로 황제에게 반란을 일으키고, 네로 황제가 자살함
	69	제위를 둘러싸고 내란 발발, 내란을 제압한 베스파시아누스 황제 즉위

제정기	79	베수비오 화산 대분화(폼페이 멸망)
	80	티투스, 콜로세움과 티투스 공중목욕탕 준공(공중목욕탕의 오락시설화)
	96	네르바 황제 즉위(재위 ~98년), 오현제 시대 개막
	98	트라야누스 황제 즉위(재위 ~117년)
	109	트라야누스 수도와 트라야누스 공중목욕탕 완성
	114	소 플리니우스 사망(62~)
	118	하드리아누스 황제, 티볼리 별장 건설 개시(~133)
	180	마르쿠스 아우렐리우스 안토니누스 황제가 사망하고 그의 아들 코모두스가 제위에 올라 오현제 시대 종료
	192	코모두스 황제가 암살당해 제위를 둘러싼 내란 발발
	193	내란을 제압한 셉티미우스 세베루스 황제가 즉위
	235	군인 황제 시대
동서 분열	293	디오클레티아누스 황제가 제국의 사분 통치제 개시
	305	디오클레티아누스 황제가 공중목욕탕 봉헌
	313	밀라노 칙령으로 그리스도교 공인
	330	콘스탄티누스 황제, 콘스탄티노플로 천도
	380	테오도시우스 황제, 그리스도교를 사실상 국교화
	392	그리스도교 이외의 종교가 금지당해 그리스도교가 국교가 됨
	395	로마 제국이 동서로 분열
	402	라벤나, 서로마 제국의 수도가 됨
	410	서고트 왕 알라리크가 로마 약탈
	476	게르만족 출신 용병대장 오도아케르에 의해 서로마 제국 멸망

마치며

고대 로마 시대를 통해 다양한 사회를 배우다

고대 로마 제국은 서로 다른 가치관과 종교관을 가진 수많은 사람들이 함께 살았던, 다양하고 관용적인 나라였습니다. 그렇다고 자유롭고 평등한 사회는 아니었고 노예제도를 포함해 상당히 차별적인 신분사회였음도 부정할 수 없습니다.

대제국 건설 후 어느덧 2000년이라는 세월이 흘러 노예제도는 없어졌지만 우리 인류는 서로 다른 다양한 가치관을 인정하고 있을까요? 또 장밋빛 미래를 설계하고 있나요? 종교 간 싸움은 아직도 끊이지 않고 문명의 충돌도 수없이 일어나고 있는 것이 현실입니다.

고대 로마 제국은 안타깝지만 결국 멸망의 길을 걸었습니다. 우리가 사는 이 세계도 언제까지나 계속될 거라고 장담할 수 없습니다. 같은 전철을 밟지 않기 위해서라도 이 시대를 새롭게 바라보는 일은 매우 중요합니다. 오늘날과 같은 현실일수록 더더욱 로마 역사를 알아야 한다고 생각합니다.

그런 의미에서 고대 로마에 대해 쓴 이 책이 많은 독자들에게 읽히기를 바랍니다.

이와타 슈젠

참고자료

『教養としてのギリシャ・ローマ 名門コロンビア大学で学んだリベラルアーツの神髄』
中村聡一 著 (東洋経済新報社)

『教養としての「ローマ史」の読み方』本村凌二 著 (PHP研究所)

『古代ローマの生活』樋脇博敏 著 (角川ソフィア文庫)

『古代ローマの日常生活』ピエール・グリマル 著　北野徹 訳 (文庫クセジュ)

『図説　地図とあらすじでわかる！ 古代ローマ人の日々の暮らし』阪本浩 監修 (青春新書)

『図解雑学 ローマ帝国』阪本浩 著 (ナツメ社)

『図解　古代ローマ』スティーヴン・ビースティ イラスト　アンドルー・ソルウェー 著
松原國師 監訳　倉嶋雅人 訳 (東京書籍)

『イラストでわかる 古代ローマ人のくらし図鑑』新保良明 監修 (宝島社)

『図解 古代ローマ人の日常生活』(洋泉社MOOK)

『オスプレイ戦史シリーズ1 グラディエイター 古代ローマ 剣闘士の世界』
ステファン・ウィズダム 著 (新紀元社)

『古代ローマ旅行ガイド　一日 5 デナリで行く』
フィリップ・マティザック 著　安原和見 訳 (ちくま学芸文庫)

『奴隷のしつけ方』マルクス・シドニウス・ファルクス 著
ジェリー・トナー 解説　橘明美 訳 (ちくま文庫)

『古代ローマ人の24時間 よみがえる帝都ローマの民衆生活』
アルベルト・アンジェラ 著　関口英子 訳 (河出文庫)

※ 그 외에 많은 자료를 참고함